Pferdeverhalten
richtig **verstehen**

Pferdeverhalten
richtig **verstehen**

Eine Verhaltenskunde für Pferdefreunde

Von Angelika Schmelzer

© 2002 by Cadmos Verlag GmbH, Lüneburg
Gestaltung: Ravenstein + Partner, Verden
Titel- und Innenfotos: Angelika Schmelzer
Druck: Westermann Druck, Zwickau
Alle Rechte vorbehalten.

Printed in Germany.

ISBN 3-86127-528-7

Inhalt

Verhaltensforschung

1

Die Verhaltensforschung oder Verhaltenskunde, in der Fachsprache als „Ethologie" bezeichnet, beschäftigt sich mit den Gesetzmäßigkeiten tierischen Verhaltens. Der Begriff Ethologie leitet sich aus den griechischen Worten „ethos" (Sitte, Gewohnheit) und „logos" (Lehre) ab. Dieses Teilgebiet der Biologie ist eine noch recht junge Wissenschaft, die in den letzten Jahren zunehmend das Interesse vieler Tierfreunde gefunden hat.

Wir fragen: Warum?

Seit ungefähr 100 Jahren sind Wissenschaftler den Gesetzmäßigkeiten im Verhalten der Tiere auf der Spur.

Sie beschäftigen sich damit, Ursachen zu ergründen, Abläufe zu beschreiben und zutreffende Voraussagen zu erstellen. Aus der Erforschung von Wildtieren konnten Erkenntnisse über das Verhalten domestizierter Tiere abgeleitet werden, doch auch den Haustieren gilt das Interesse der Wissenschaftler, nicht zuletzt, weil immer mehr Menschen Tiere nicht nur beruflich „nutzen", sondern den Umgang mit ihnen als erholende und entspannende Freizeitbeschäftigung verstehen. Wurden Tiere in der Vergangenheit oft entweder versachlicht oder vermenschlicht, führten die Erkenntnisse der Verhaltensforschung dazu, dass wir Tiere heute vermehrt mit all ihren typisch „tierischen" Eigenschaften wahrnehmen, begreifen und wertschätzen.

Uns Pferdefreunde beschäftigt häufig die Frage nach dem „Warum", vor allem dann, wenn uns das Verhalten unserer Vierbeiner auffällt oder missfällt: Warum verhält sich mein Pferd nicht immer gleich, plötzlich nicht mehr so wie früher oder irgendwie anders als seine Artgenossen?

„Problempferde" im weiteren Sinne liefern oft den ersten Anstoß für die Beschäftigung mit der Verhaltenskunde: Je gravierender unsere Schwierigkeiten im Umgang mit dem Pferd, desto größer auch unser Interesse an Ursachen, Vorbeugungs- und Lösungsmöglichkeiten.

Ein weiterer Ansatzpunkt für neugierige Fragen nach dem „Warum" ergibt sich aus den Arbeitstechniken populärer Ausbilder.

Ihre unterschiedlichen Methoden des Trainings, der Erziehung oder Korrektur werden bei aller Verschiedenheit immer mit Einsichten in das natürliche Pferdeverhalten und in die artübergreifende Kommunikation zwischen Pferd und Mensch begründet – manchmal auf nachvollziehbarer, wissenschaftlicher

Die verschiedenen Spielarten der Freiheitsdressur beruhen alle auf artübergreifender Kommunikation.

Grundlage, manchmal eben nicht. Wer hier die Spreu vom Weizen trennen will, benötigt eine stabile Grundlage eigenen Wissens über das Pferdeverhalten im Allgemeinen und die Pferdesprache im Besonderen. Und nur auf dieser Grundlage, nicht mit dem auf einem Wochenendlehrgang angeeigneten bisschen Information können diese Methoden überhaupt sinnvoll und nutzbringend eingesetzt werden!

Auch ohne besonderen Anlass steigt das Interesse des Pferdefreundes am Innenleben seines Vierbeiners, denn die Anfänge der Verhaltensforschung haben, gemeinsam mit anderen Faktoren, signifikante Änderungen in der Welt des Pferdesports ausgelöst, die nach dem Schneeballprinzip weit reichende Folgen nach sich zogen und ziehen.

Einsichten in das natürliche Verhalten und die pferdetypischen Bedürfnisse führten dazu, dass heute immer mehr Pferde unter artgerechten Bedingungen gehalten werden, was wiederum dem Reiter und Züchter die Möglichkeit gibt, seine Tiere in ihrem natürlichen Verhalten zu beobachten.

Wir fragen: Wie?

Die Verhaltensforschung beschäftigt sich mit verschiedenen Fragestellungen, doch die Basis bildet dabei stets die Erforschung von Gesetzmäßigkeiten.

Das Verhalten von Tieren ist natürlich nicht vorhersehbar im Sinne einer Maschine, die auf Knopfdruck stets denselben mechanischen Ablauf zeigt, doch lassen sich durchaus Ursachen für Verhaltensweisen erkennen und definieren und damit Voraussagen erstellen. Für den Pferdefreund sind vor allem die folgenden Ansatzpunkte von besonderem Interesse:

- Wie sieht „normales" Pferdeverhalten aus?
- Wie muss ich mein Pferd halten, füttern und arbeiten, damit es „normales" Verhalten zeigt?
- Wodurch werden Verhaltensweisen ausgelöst, die wir umgangssprachlich als „nicht normal" bezeichnen?
- Wie lassen sich diese Verhaltensprobleme vermeiden?
- Wenn bestimmte Aspekte des Verhaltens vererbt werden, gilt dies auch für „nicht normales" Verhalten?

Das arttypische Verhalten ist teils genetisch, teils umweltbedingt.

Pferdefreunde assoziieren – nicht zu Unrecht – normales Verhalten mit Wohlbefinden und schließen aus Abweichungen von dieser Norm auf Mängel im Wohlbefinden. Es ergibt sich also folgende Verknüpfung:

> Wissen des Pferdehalters um die Bedürfnisse und das arttypische Verhalten seines Pferdes

> Gestaltung des Lebensumfeldes im Sinne einer artgerechten Haltung, Ausbildung und Erziehung

> Ausleben des arttypischen Verhaltensinventars

> größtmögliches Wohlbefinden des Pferdes, gepaart mit Langlebigkeit, Gesundheit und Leistungsfähigkeit.

Was ist schon normal?

Was auf den ersten Blick so selbstverständlich klingt, erweist sich in der Praxis als schwierig.

Wir sind es gewohnt, das Verhalten von Tieren mit Begriffen wie „normal" oder „abnormal", „natürlich" oder „unnatürlich" zu belegen und vergessen dabei oft, dass jeder menschliche Einfluss als Manipulation zu verstehen ist und das Verhalten des Pferdes auf eine Weise beeinflusst, die im engeren Sinne weder normal noch natürlich ist.

Wir Pferdefreunde sind deshalb gezwungen, einen Spagat zu vollführen:

Können Pferde artgerecht leben, treten keine haltungs-bedingten Verhaltensstörungen auf.

Messlatte ist für uns zum einen das Verhalten des Wildpferdes, zum anderen das durchschnittliche, zur Norm erhobene Verhalten vergleichbarer domestizierter Pferde. Damit hören die Schwierigkeiten aber nicht auf, denn auch der allzu saloppe Umgang mit dem Begriff „Problempferd" führt zu Verwirrung.

Wir sind oft geneigt, unerwünschtes Verhalten und Verhaltensstörungen in einen Topf zu werfen, einfach deshalb, weil uns beides nicht in den Kram passt. Doch als angehende Verhaltensforscher sollten wir fein auseinander dividieren, ob eine Abweichung vom Normverhalten vorliegt oder eine natürliche Verhaltensweise in einem Kontext gezeigt wird, der uns Probleme bereitet.

Wir sollten deshalb immer im Hinterkopf behalten, dass unser Einfluss auf das Pferd im engeren Sinne nicht natürlich ist und jeder Kontakt mit dem Menschen deshalb so gestaltet werden muss, dass das Pferd auch Pferd bleiben kann. Wahre Freundschaft zu Pferden muss sich nicht zuletzt daran messen lassen!

2

Hinter den Kulissen
bei **Familie Pferd**

Betrachten wir die vielen Pferderassen der Welt, fallen uns als Erstes große Unterschiede im äußeren Erscheinungsbild ins Auge.

Wüssten wir es nicht besser, ließen uns diese Varianten im Exterieur ernsthaft daran zweifeln, dass etwa ein Minishetty und ein Shire Horse, ein Isländer und ein Arabisches Vollblut derselben Art angehörten.

Bei näherer Betrachtung stellen wir außerdem bedeutende Unterschiede im Interieur und im Gangwerk fest. Selbst die Vertreter einer Rasse gleichen sich nicht etwa wie ein Ei dem anderen, sondern weisen ebenfalls unterschiedliche Ausprägungen der verschiedensten Merkmale auf.

Trotzdem sind die Gemeinsamkeiten aller Individuen und aller Rassen so groß, dass sich mehr Übereinstimmungen als Unterschiede ausmachen lassen, die in ihrer Gesamtheit die Pferde von anderen Tierarten abgrenzen.

Wildes Tier im Stall

Während die wilden Vorfahren unserer Pferde sich äußerlich sehr glichen, weisen ihre domestizierten Kollegen eine große Bandbreite an Merkmalen des Exterieurs auf.

Dies könnte uns glauben machen, das Innenleben des Pferdes sei durch die Domestikation ebenso beeinflusst und verändert worden wie das äußere Erscheinungsbild. Auch die Tatsache, dass viele angelegte Verhaltensweisen des Pferdes unter den Bedingungen nicht artgerechter Haltungsformen nicht gezeigt werden, wird oft missverstanden.

Trotzdem muss festgehalten werden, dass

- sich unsere domestizierten Pferderassen in ihrem genetisch bedingten Verhaltensinventar nicht signifikant von ihren Vorfahren oder von wild lebenden Artgenossen unterscheiden und
- auch zwischen den Rassen bei aller Unterschiedlichkeit ebenfalls die Grundmuster des Verhaltens übereinstimmen.

Unter vergleichbaren Bedingungen wird sich also ein Shetty ebenso verhalten wie ein Shire Horse, ein Mustang oder ein Przewalski-Pferd.

Inventur bei Familie Pferd

Um sich eine Übersicht über das typische Verhalten einer Tierart zu verschaffen, legen Wissenschaftler zunächst eine beschreibende Auflistung aller beobachteten Verhaltensweisen an. Dabei gilt es,

zwischen den bei allen Vertretern der Art auftretenden Verhaltensweisen und eventuellen Abweichungen bei einzelnen Individuen oder Untergruppen zu unterscheiden. Eine solche „Inventurliste" wird als Ethogramm bezeichnet.

Um diese Sammlung übersichtlich zu gestalten, werden alle Verhaltensmuster, die demselben übergeordneten Ziel dienen, außerdem einem bestimmten Funktionskreis zugeordnet.

Nicht ohne meine Artgenossen

Um sich eine Messlatte zuzulegen, muss auch der nicht wissenschaftlich arbeitende Pferdefreund Erfahrungen mit Pferden machen, die sich normal verhalten. Nur unter bestimmten Umständen ist es möglich, das gesamte Verhaltensinventar zu beobachten. Am ehesten

Grundbedürfnis aller Pferde: Licht, Luft, Bewegung und die Gesellschaft von Artgenossen.

gelingt dies unter Lebensbedingungen, die denen der wilden Vorfahren unserer Pferde ähneln (Dülmener Wildpferde im Merfelder Bruch) oder bei sachgerecht betriebener, artgerechter Haltung, etwa der Gruppenauslaufhaltung.

Je mehr die Haltungsform den natürlichen Bedürfnissen der Pferde entspricht, desto vollständiger können alle angelegten Verhaltensweisen ausgelebt werden. Umgekehrt kann das Zeigen des gesamten Verhaltensinventars als Messlatte für artgerechte Haltung dienen.

Oberste Priorität hat dabei die Haltung in der Gruppe, denn unsere Pferde sind in so hohem Maße soziale Lebewesen, dass sich das Sozialverhalten fast als übergeordneter Funktionskreis verstehen lässt. Mit anderen Worten: Ohne die Gesellschaft von Artgenossen fehlt nicht nur das Sozialverhalten, sondern auch

andere Funktionskreise können nicht oder nicht der Norm entsprechend gezeigt werden.

Als artgerecht gilt jede Haltungsform, welche die Grundbedürfnisse aller Pferde nach

- der dauernden Gesellschaft von Artgenossen,
- freier Bewegungsmöglichkeit,
- frischer Luft und
- natürlicher Beleuchtung
umfassend befriedigt.

Anders formuliert: Pferde sind als Lauf-, Flucht- und Herdentiere zu bezeichnen und benötigen auf Grund dieser Veranlagungen bestimmte Lebensbedingungen, um sich im weitesten Sinne normal zu verhalten. Nur unter diesen Lebensbedingungen kann das genetisch angelegte Verhaltensinventar gezeigt und vom Pferdefreund beobachtet werden.

Alles in **Ordnung**

Zurück zur Frage: Was ist in Pferdekreisen normal? Normal ist ein Leben in der Gemeinschaft, ein Leben, das von einer Rangordnung und einer Vielzahl an Regeln und Gewohnheiten bestimmt wird. Um sich sicher und wohl zu fühlen, innerlich zur Ruhe zu kommen, benötigt das Lauf- und Fluchttier Pferd ordnende Strukturen in seinem Leben.

Die soziale Ordnung

Wir sprechen allgemein von Pferdeherden, doch das soziale Leben der Pferde spielt sich eigentlich in kleineren Gruppen, den Familiengemeinschaften, ab. Diese Familienverbände bestehen aus
- einer Leitstute, meist eine ältere, erfahrene Stute,
- ihren weiblichen Nachkommen,
- dem weiblichen und bis höchstens zweijährigen männlichen Nachwuchs der Stuten sowie einem
- Deckhengst, auch Haremshengst genannt.

Den Begriff des „Leithengstes", der in der Literatur so gerne bemüht wird, kennt die Natur nicht. Geleitet wird die Herde von einer Stute, denn Hengste führen nicht, sie treiben. Bei Familie Pferd herrscht eine strikte Arbeitsteilung, die mit menschlichen Rollenverständnissen rein gar nichts zu tun hat. Aufgabe der Leitstute, einer älteren, erfahrenen (vielleicht passt der Begriff „weisen") Stute ist es, an der Spitze der Herde gehend diese zum Wasser, zum Futterplatz, an beliebte Ruhestellen zu führen. Verbunden mit dieser Führungsrolle sind bestimmte Pflichten, einige Gefahren und natürlich Privilegien. Zu ihrer Verantwortung gehört die Untersuchung auf mögliche Gefahren:

Da die Stute als Erste Wasser oder Futter aufnimmt und überall zuerst ankommt, prüft sie automatisch die Umgebung als Erste und gerät eben auch zuerst in Gefahr. Allerdings hat sie auch als Erste Zugang zu Wasser und Futter und kann alle im Rang niedriger stehenden Mitglieder der Gruppe zu jeder Zeit und von jedem Ort vertreiben.

Der Hengst hält die Herde aus einer hinteren Position zusammen, treibt Herdenmitglieder zum Verband zurück und bewacht seinen Harem, vor allem im Hinblick auf mögliche Konkurrenten. Zu den Aufgaben des Hengstes gehört natürlich auch die Fortpflanzung, doch da die empfängnisbereite Saison der Stuten nur einen Teil des Jahres ausmacht, ist das weit verbreitete Bild des immer nur an „das Eine" denkenden Machos völlig verquer.

Das Verhältnis der Pferde zueinander ist durch eine Rangordnung genau definiert. Diese Rangordnung ist linear aufgebaut, vergleichbar den Sprossen einer Leiter, es lässt sich also genau sagen, wer über wem steht. Nicht zuletzt wird diese Rangordnung immer dann sichtbar, wenn die Herde unterwegs ist: Gewachsene Kerngruppen bewegen sich im Gänsemarsch, immer einer hinter dem anderen, der Rangfolge entsprechend.

Nun dürfte jedem auffallen, dass die Rede von *mehreren* Stuten und *einem* Hengst ist und da stellt sich die Frage: Wo sind die anderen Hengste? Da eben-

Bleib mir vom Leib: Um rangniedrigere Artgenossen abzuweisen, braucht es keinen Grund, das ist in Pferdekreisen so.

Vier Hengste, ein Wallach: Nicht ungewöhnlich, sondern natürlich.

so viele Hengstfohlen wie Stutfohlen fallen und jeder Gruppe von Stuten nur ein Hengst beigeordnet ist, müssen die anderen ja irgendwo bleiben! Die Lösung ist ganz einfach: Werden die etwa ein- bis zweijährigen Hengste aus der Kernfamilie vertrieben, schließen sie sich zu Junggesellenherden zusammen.

Hengste bilden also eigene Gruppen, in denen es zwar auch ruppig hergehen kann, wo sich aber keinesfalls lauter Machos bis aufs Blut bekämpfen.

Vielmehr wächst und reift der einzelne Junghengst in diesem Sozialverbund körperlich wie seelisch, er lernt ebenso sich zu behaupten wie sich unterzuordnen. Nicht jedem Hengst ist es vergönnt, sich im Kampf mit einem eta-blierten Herdenhengst einmal durchsetzen und als Lohn eine eigene Stutenherde für sich in Anspruch nehmen zu können, doch das Leben in der Junggesellenherde bietet jungen oder wenig erfolgreichen Hengsten wie auch vielen vertriebenen Althengsten eine hohe Lebensqualität in einer festen Gemeinschaft. Nur bei Haltung und Aufzucht im Herdenverband entwickeln sich auch in der Obhut des Menschen Hengste zu sozial kompetenten Pferden, die sich selbstbewusst, aber auch respektvoll zu verhalten wissen. Unter den Bedingungen der Einzelhaltung ohne soziale Kontakte und ohne ausreichend Bewegung allerdings werden aus Hengsten zwangsläufig Problempferde.

Flucht und Spiel sind Anlässe für höhere Geschwindigkeiten.

Die räumliche Ordnung

Es war bereits die Rede von der „Marschordnung" der Pferde, mit der Leitstute an der Spitze, gefolgt von den anderen Stuten entsprechend der Rangordnung und getrieben und zusammen gehalten vom Haremshengst.

Im Gänsemarsch geht es von A nach B, meist im geruhsamen Schritt, sofern keine Störung die Herde zur Flucht animiert.

Auf weitläufigen Weiden lässt sich beobachten, dass die Herde beim Wechsel des Standpunktes immer dieselben Wege nutzt, die sich mit der Zeit schlangenlinienförmig ausgetreten abzeichnen.

Offensichtlich dient die nicht geradlinige Wegführung der besseren Überwachung der Umgebung.

Das Bedürfnis nach Bewegung ist unseren Pferden in die Wiege gelegt.

Ihre Vorfahren mussten, bedingt durch den geringen Nährstoffgehalt ihrer Hauptnahrung, das Gras der Steppe, weite Wege zurücklegen, um ausreichend Nahrung aufnehmen zu können. Strecken von bis zu 30 Kilometern täglich galten, so meinen Wissenschaftler heute, als durchaus normal.

Die Hauptgangart war dabei vorwiegend der Schritt, nur bei der Flucht oder bei Verfolgungsjagden – spielerischen oder ernsthaften – ging es schneller zu.

Vergleicht man den Lebensraum einer Gruppe mit einer Wohnung, könnte man von vielen Zimmern mit unterschiedlicher Funktion und ganz typischer, eben pferdetypischer Ausstattung sprechen.

Das Esszimmer ist dabei der größte Raum, ausgestattet mit reichlich Steppengras, das wenig konzentrierte Nährstoffe enthält.

Ruheplätze – Schlafzimmer – sind trocken und ausgesetzt; sie bieten dem wachhabenden Artgenossen eine gute Rundumsicht und ermöglichen so allen Herdenmitgliedern einen ruhigen Schlaf. Es liegt nicht in der Natur des Pferdes, sich zum Schlaf zurückzuziehen, weder im Hinblick auf seine Artgenossen noch bezüglich des Schlafplatzes.

Das Badezimmer ist oft auch die Pferdebar: An natürlichen Wasserstellen wird nicht nur der Durst gelöscht, sondern gleich nebenan ein Schlammbad zur Abwehr lästiger Insekten genommen – wieder so eine uns Menschen völlig fremde Verhaltensweise! Selbstverständlich verfügt ein ordentliches Bad á lá Pferd auch über einen oder mehrere Wälzplätze, am besten ausgestattet mit trockenem Sand oder einer harten Grasnarbe.

Bei der räumlichen Beziehung zwischen Artgenossen spielt die Individualdistanz eine große Rolle. Wir kennen Tierarten, bei denen die Individualdistanz, also der Abstand zwischen zwei Individuen, eine feste Größe ist: Beobachtet man etwa Schwalben, die sich auf Leitungen sitzend perlschnurartig aufreihen, so lässt sich eine große Gleichmäßigkeit im Abstand zwischen je zwei Vögeln feststellen.

Bei unseren Pferden verhält es sich anders: Zwar lässt sich um jedes Tier eine Art Freiraum denken und nachweisen,

Deutlich zeichnet sich der Wälzplatz der Herde von der Umgebung ab.

Schicksalsgemeinschaft Absetzer: Der Individualabstand ist in der Ruhe aufgehoben.

doch ist dieser von Pferd zu Pferd und je nach Situation unterschiedlich groß und unter bestimmten Bedingungen friedlich unterschreitbar. Die Individualdistanz ist also keine fixe, sondern eine sehr variable Größe.

Denken wir zurück an den Gänsemarsch entsprechend der Rangordnung, wird aus dieser Formation klar, dass zwischen ranghöchstem (Leitstute) und rangniedrigstem Pferd (Schlusslicht) der größte Abstand besteht und rangnahe Pferde in geringerem Abstand voneinander laufen.

In Abweichung von dieser Regel lässt sich beobachten, dass sehr rangniedrige Pferde mitunter vom Boss in direkter Nähe geduldet werden, während die dem Chef im Rang nahe stehenden Pferde weitaus nachdrücklicher auf Abstand gehalten werden.

Möglicherweise lässt sich dies damit erklären, dass der Druck zwischen einander im Rang benachbarten Pferden naturgemäß größer ist, dass also der Überlegene den unmittelbar darunter angesiedelten Kollegen deutlicher kurz halten muss als der Chef ein rangmäßig meilenweit von ihm entferntes und deshalb harmloses Schlusslicht.

Vielleicht spielen hier auch individuelle Persönlichkeitsmerkmale im Sinne einer Gutmütigkeit oder Unduldsamkeit eine Rolle.

Allgemein ist es dem rangiedrigen Pferd nicht gestattet, ohne weiteres die Individualdistanz überlegener Pferde zu unterschreiten. Anlässlich sozialer Kontakte kommt es jedoch regelmäßig zur Verringerung der Abstände zwischen den Pferden, etwa bei Lauf- und Raufspielen, gegenseitiger Fellpflege oder der Fortpflanzung. Diese und andere Anlässe werden immer von geregelten Verhaltensweisen eingeleitet: Spielaufforderungen, zärtliches Werben um die Stute oder Unterlegenheitsgesten stellen sicher, dass die Unterschreitung der Individualdistanz im jeweiligen Zusammenhang nicht missverstanden werden kann.

Während der Aufnahme von Weidegras besteht ein jeweils recht großer Abstand zwischen den Individuen, der dem Einzelnen eine gute Rundumsicht ermöglicht. Stünde die Herde dagegen dicht gedrängt, bekämen allenfalls die außen Stehenden mit, was sich in der Umgebung abspielt. Interessanterweise neigen Pferde dazu, nicht kunterbunt kreuz und quer zu stehen, sondern in dieselbe Richtung, also parallel. Dies lässt sich insbesondere beim Grasen, beim Dösen bei schlechtem Wetter (Wind und Regen) und beim Sonnenbaden im Stehen beobachten. Grasend bewegen sich die Pferde langsam in dieselbe Richtung fort. Bei schlechtem Wetter wird der Abstand zwischen den Tieren stark verringert und die Herde kehrt Wind und Regen kollektiv den gut gepolsterten Hintern zu. Das Sonnenbad wird mit parallel ausgerichteten Rümpfen, die Breitseite den Sonnenstrahlen zugekehrt, eingenommen.

„He, du, spielst du mit mir?" Diese Unterschreitung der Individualdistanz verläuft friedlich.

Die zeitliche Ordnung

Sich selbst überlassen, halten Pferde einen relativ geregelten Tagesablauf ein: Sie neigen dazu, zur gleichen Zeit dasselbe zu tun und dies oft gemeinschaftlich. Wichtiger noch als dieser gleichmäßige Rhythmus ist etwas, was die Wissenschaftler „time budget" oder Zeitbudget nennen.

Sollwerte für die Dauer bestimmter Tätigkeiten sind quasi im Pferd gespeichert und führen bei Nichterfüllung zur Notwendigkeit, den daraus resultierenden Stress („Triebstau" genannt, wobei der Verhaltensforscher unter Trieb nicht etwa nur den Geschlechtstrieb versteht) anderweitig abzubauen.

Frei lebende Pferde verbringen ungefähr 60 Prozent des Tages bei langsamer Bewegung mit der Futteraufnahme, ruhen 20 Prozent im Stehen und weitere zehn Prozent im Liegen.

Andere Tätigkeiten, etwa die Fellpflege, nehmen die restlichen zehn Prozent des Tages ein. Verbunden mit den genetisch angelegten Verhaltensweisen ist also immer auch eine zeitliche Zielvorgabe.

Beide Faktoren zusammen machen das aus, was wir „Normverhalten" nennen können. Unter Haltungsbedingungen, die eine Einschränkung der möglichen Verhaltensweisen oder eine starke zeitliche Verschiebung mit sich bringen, entstehen Stress und in der Folge Verhaltensstörungen, aber auch gesundheitliche Schäden.

Die Einzelhaltung in der Box bringt es mit sich, dass sowohl die Zeit der Nahrungsaufnahme stark verkürzt wird (wegen des Angebotes konzentrierter Nahrung am Platz) als auch das Bewegungsbedürfnis der Pferde nicht annähernd befriedigt wird. Darin sehen Verhaltensforscher die Ursache für viele

Unter solchen Haltungsbedingungen können Pferde sich nicht normal verhalten.

Nur wenn Schnee liegt, wird die passende Verhaltensweise „Futter hervor scharren" gezeigt.

Verhaltensauffälligkeiten, die man als Ersatzhandlungen interpretieren kann: Wo das Time-Budget für die Nahrungsaufnahme unterschritten wird, muss der entstehende Stress anderweitig abgebaut werden. Wo 23 Stunden statt höchstens acht Stunden untätig verbracht werden, schaffen Ersatzbewegungen Abhilfe.

Lediglich bei der sachgerechten Offenstallhaltung im Herdenverband entspricht der Tagesablauf in etwa den von der Natur vorgegebenen Werten.

Was Pferde wann tun, ist von vielen Faktoren abhängig: Manche ändern sich unvorhersehbar (etwa das Wetter, die Verfügbarkeit von Wasser und Futter, Insektenplage), andere rhythmisch.

Wir kennen deshalb jahreszeitlich bedingte Verhaltensweisen, aber auch tageszeitlich abhängige.

So lässt sich während des Fellwechsels im Frühjahr und Herbst beobachten, dass befreundete Pferde mehr Zeit mit der gegenseitigen Fellpflege verbringen.

Liegt die Grasnarbe unter einer Schneeschicht, muss während der Futteraufnahme immer wieder der Schnee mit den Vorderhufen beiseite gescharrt werden, eine Verhaltensweise, die natürlich im Sommer nicht auftritt!

Wichtig für den Pferdebesitzer sind vor allem die folgenden, jahreszeitlich bedingten Änderungen:

- Im Herbst befiehlt die innere Uhr auch unseren domestizierten Pferden, sich für den kommenden Winter eine reichliche Speckschicht zuzulegen; gewisse Gewichtszunahmen liegen also durchaus im Bereich der Norm.
- Das Bewegungsbedürfnis unserer Pferde erscheint im Winter (Reduktion des Energieverbrauchs) und Sommer (Hitze, Fohlen bei Fuß) eher geringer als im Frühjahr und Herbst.
- Während der für die Fortpflanzung vorgesehenen Zeit, also ab dem zeitigen Frühjahr bis in den Sommer, treten geschlechtsbedingte Verhaltensweisen bei Stuten und Hengsten stärker auf als während der Ruhezeit.

Außerdem lässt sich ein tageszeitlicher Rhythmus ausmachen, der allerdings nicht starr im Sinne eines Stundenplans, sondern eher als wechselnde Tendenz zu bestimmten Tätigkeiten zu verstehen ist, etwa

- ausgedehnte Sonnenbäder unmittelbar nach Sonnenaufgang,
- Ruhephasen während der wärmsten Tageszeit und
- Spielstunden zur kältesten Tageszeit.

Für die Tatsache, dass die Herdenmitglieder meist alles gleichzeitig tun, gibt es gute Gründe:

Alle stehen in beständiger kommunikativer Verbindung zueinander und so kommt es zu dem, was der Wissenschaftler *Stimmungsübertragung* nennt:

Einer steckt den anderen quasi mit der eigenen Stimmung an.

Hinzu kommt der Drang des sozialen Wesens Pferd, bei seinen Artgenossen zu bleiben. Bricht die Leitstute zur Wasserstelle auf, folgen eben auch die Kollegen, die momentan nicht durstig sind.

Kommunikation auf **Pferdisch**

4

Es war bereits die Rede von der Rangordnung, der Übertragung von Stimmungen innerhalb einer Herde, den ordnenden Systemen. Diese und andere Aspekte der sozialen Lebensweise unserer Pferde setzen eine differenzierte Form der Verständigung voraus, denn wie sollten Sympathien und Antipathien zwischen den Artgenossen gelebt oder momentane Stimmungen erfasst werden ohne die notwendigen Mittel zur Übertragung?

Die innerartliche Kommunikation spielt im Leben unserer Pferde eine bedeutende Rolle, die von uns Menschen allerdings oft unterschätzt wird, weil sie so viel leiser verläuft als bei uns.

Alle mal herhören!

Natürlich nutzen Pferde auch Lautäußerungen zur Verständigung, nur eben

Wenn Uri wiehert, weiß jeder gleich: Hier ruft ein ausgewachsener Hengst.

weitaus weniger häufig als wir. Sie richten sich an einzelne Artgenossen, aber auch an die menschliche Bezugsperson oder die gesamte Herde.

Der Kontakt wird über große Entfernungen oft über ein energisches Wiehern hergestellt, aus der Nähe begrüßt man sich durch ein leises Brummeln oder Blubbern. Im Kampf werden heftig quiekende (Stuten) oder dröhnend schreiende (Hengste) Laute ausgestoßen. Aus diesen „persönlichen" Elementen der Sprache lassen sich selbst für das menschliche Ohr Informationen über das jeweilige Pferd heraus hören, vor allem über Alter und Geschlecht. Hengste wiehern anders als Stuten, Fohlen anders als erwachsene Tiere.

Anders die ungerichteten Lautäußerungen, etwa das stoßweise Schnauben (Blasen) bei ängstlicher Erregung oder das Stöhnen des übermäßig angestrengten Pferdes: jedes Individuum zeigt diese Laute ohne ausgesprochen persönliche Prägung.

Einer der wichtigsten Unterschiede aller Lautäußerungen des Pferdes zur menschlichen Sprache liegt im relativ geringen Informationsgehalt: „Hallo, ist da wer?", „Hau ab, du blöde Kuh!", „Ich mach dich fertig!" oder „Schön, dass du kommst", viel mehr an Inhalt wird vermutlich nicht übermittelt.

Für das Fluchttier Pferd macht es auch nicht viel Sinn, sich ständig für jeden Fressfeind hörbar zu unterhalten, da nützen sie lieber andere, stillere Formen der Informationsübermittlung.

Und darin sind sie wahre Meister, sind uns Menschen so haushoch überlegen, dass wir keinem einzigen Pferd diesbezüglich ein X für ein U vormachen können.

Lasst Körper sprechen

Pferde setzen ihren ganzen Körper ein, um sich mit ihren Artgenossen zu verständigen. Umgekehrt vermögen es die Kollegen, mit einem kurzen Blick auf den Nachbarn eine Vielzahl an Informationen über Alter, Geschlecht, Rang und momentane Stimmung abzulesen.

Der ungerichtete Austausch von Botschaften läuft ständig quasi als Hintergrundmusik ab, hinzu kommen gezielte Bewegungen des Körpers, die direkt an einen Artgenossen gerichtet sind. Diese Form der Verständigung nennt man „Ausdrucksverhalten":

Man bezeichnet damit alle Verhaltensweisen, die der Kommunikation dienen.

Ich schau dir in die Augen, Kleines

Ein Blick in ein Pferdegesicht, und selbst der Mensch, Laie in Sachen Körpersprache, weiß eine Menge über das betreffende Pferd. Unsere Pferde zeigen mehr oder weniger ausgeprägte *geschlechtstypische Gesichter* sowie *situationsbedingte Gesichter*.

Insbesondere bei Zuchttieren ist ein ausgeprägter Geschlechtstyp erwünscht: Man soll dem Individuum schon an der Nasenspitze ansehen können, ob es sich um eine Stute oder einen Hengst handelt, und das ist in der Regel auch kein Problem.

Vor allem aktive Zuchttiere weisen einen deutlichen Geschlechtstypus auf, während im Sport eingesetzte Kolleg(inn)en oft ein indifferentes Bild zeigen. Es ist allerdings nicht leicht, das

typisch mütterliche oder typisch hengstige Gesicht mit Worten zu beschreiben, Bilder sind da wesentlich aufschlussreicher. Stuten, vor allem ältere Zuchtstuten, zeichnen sich oft durch weiche, selbst auf uns Menschen mütterlich wirkende Gesichter aus, während Hengste herrisch und sehr selbstbewusst dreinschauen.

Je nach Situation zeigen unsere Pferde eine jeweils typische Mimik: Beim *Dösgesicht* hängt die Unterlippe schlaff

Drohst du mir, droh ich dir.

herunter, die Ohren sind ohne Tonus seitlich abgestellt oder schlackern, Kopf und Hals sind bis zur Horizontalen gesenkt.

Das *Putzgesicht* lässt sich vor allem dann gut beobachten, wenn es als Reaktion auf menschliche Zärtlichkeit gezeigt wird. Üblicherweise wird in Pferdekreisen auf Gegenseitigkeit geputzt (kraulst du mich, kraul ich dich), krault aber nur einer, streckt der solcherart zärtlich Bedachte den Hals, die Oberlippe wird immer länger, der Kopf verdreht. Beim *Angstgesicht* sind die Augen weit geöff-

net, oft sieht man das „Weiße" im Auge, die Ohren werden flach angelegt, die gesamte Gesichtsmuskulatur erscheint angespannt.

Interessanterweise sieht das *Drohgesicht* recht ähnlich aus und es lassen sich stufenlose Übergänge zwischen angstvollem (unterlegenem) Drohen und selbstbewusstem (überlegenem) Drohen beobachten.

Ein drohendes Pferd legt die Ohren oft so flach an, dass sie in der Mähne verschwinden, doch fehlt der panische Gesichtsausdruck. Die Ohren des ängstlichen Pferdes dagegen werden meist nur nach hinten gestellt, nicht aber angelegt.

Auch Nüstern und Maul lassen erkennen, ob das Pferd droht – die Nüstern sind verschmälert, die Maulwinkel nach hinten gezogen – oder Angst hat: die Nüstern sind stark geweitet, das Maul ist angespannt.

Hat etwas das Interesse eines Pferdes geweckt, so wird das *Erkundungsgesicht* gezeigt: Um die Lage zu peilen, wird der Kopf gereckt, die Ohren sind steil nach vorne gerichtet, die Augen geweitet. Ist dem Pferd die Sache nicht recht geheuer, bläst es oft ein- oder mehrmals heftig.

Ganz ähnlich sieht es aus, wenn Pferde einander sehen und begrüßen. Aus der Entfernung zeigen sie ein Erkundungsgesicht, man geht aufeinander zu und berührt sich freundschaftlich mit der Nase.

Nach gegenseitigem Beschnuppern kommt es dann zu intensiveren sozialen Kontakten, etwa zu Spielen oder zur Fellpflege.

Konzert der Kommunikation

Im Bezug auf die reiterliche Einwirkung wird ja gerne vom „Konzert der Hilfen" gesprochen: Ein schönes Bild, das die Komplexität und die Notwendigkeit der Harmonie deutlich macht.

Auch bezüglich der innerartlichen Kommunikation könnte man von einem Konzert der Ausdrucksformen sprechen, da jede Botschaft das Zusammenspiel mehrerer Bewegungen oder Haltungen verlangt. So werden beispielsweise die

Bei diesem Laufspiel verraten die erhobenen Schweife: Wir haben Spaß!

Sieht zwar gefährlich aus, doch die fehlende Drohmimik verrät, dass hier zwei befreundete Hengste spielen.

oben angeführten Gesichter ergänzt und unterstrichen durch bestimmte Bewegungen des Körpers oder einzelner Körperteile. Von besonderer Bedeutung sind in diesem Zusammenhang

• der Schweif,
• die Haltung von Hals und Kopf,
• die Hinterhand sowie
• die Körperspannung.

Einige Beispiele: Das Drohgesicht tritt nur vereinzelt isoliert auf, oft wird seine Botschaft unterstrichen durch eine Kopfbewegung hin zum Störenfried („Drohschwingen"), eine Drohung mit der Hinterhand oder einen frontalen Angriff.

Hat etwas die Aufmerksamkeit des Pferdes erregt, wird es sich mit hoch erhobenem Kopf und Hals, hoher Körperspannung und gelüftetem Schweif aufbauen, heftig blasend schnauben und den Gegenstand seines Interesses beäugen.

Wird die innere Spannung zu groß, wird sie flüchtend abgebaut: Bei echter Angst mit einem Angstgesicht, eingeklemmtem Schweif, geduckter Haltung

Der Schweif spricht Bände – Verspannung statt Versammlung

und in schnellem Tempo, bei spielerischer „Flucht" mit aufgestelltem Schweif, Erkundungsgesicht, hoher Körperspannung und oft im Stolztrab.

Bei Auseinandersetzungen zwischen männlichen Pferden lässt sich oft ein Schlagen mit der Vorhand beobachten. Im Ernstfall ist dieses von einem Drohgesicht begleitet, bei Raufspielen eben nicht.

Die Interpretation bestimmter Verhaltensweisen gelingt nur dann zutreffend, wenn das Pferd als Ganzes gesehen und seine jeweilige Aktivität nicht auf einzelne Aspekte reduziert wird.

Für den Reiter spielen viele Verhaltensweisen auch dann eine Rolle, wenn er sie unter dem Sattel gezielt fördern oder verhindern möchte: Ein ausdrucksvoller Stolztrab (Piaffe und Passage) wird nur gelingen, wenn das natürliche Selbstbewusstsein des Pferdes nicht durch Angst vor dem Reiter in seiner Entfaltung gehindert wird.

Starr nach vorne gerichtete Ohren lassen den Schluss zu, dass die Aufmerksamkeit des Pferdes mit Sicherheit nicht auf den Reiter gerichtet ist, flach angelegte sprechen von Unbehagen, Angst oder Schmerz.

Die für jede Form guten Reitens so wichtige innere Entspannung, Losgelassenheit genannt, lässt sich an einem ruhig herabhängend getragenen, pendelnden Schweif ablesen – sehen Sie mal anlässlich einer hochkarätigen Dressurprüfung den Pferden auf den Schweif, Sie werden feststellen, dass höchstens ein Zehntel wirklich losgelassen ist!

5

Angeboren
oder **anerzogen?**

Züchter sollten dem genetisch bedingten Aspekt von Problemverhalten ihre Aufmerksamkeit schenken.

Spätestens bei der Beschäftigung mit Verhaltensweisen, die von uns Menschen als problematisch empfunden werden, taucht die Frage auf, wie individuelle Aspekte des Verhaltens überhaupt entstehen. Es ist uns klar, dass alle Pferde über gemeinsame Verhaltensweisen verfügen, ebenso wie sie sich durch gemeinsame Merkmale des Exterieur auszeichnen und von anderen Tierarten unterscheiden.

Daneben muss es aber auch individuelle Besonderheiten im Verhalten geben, die wir manchmal als Fehlverhalten wahrnehmen, manchmal aber auch als Ausdruck der individuellen Persönlichkeit eines Pferdes. Für den Pferdefreund ergeben sich dabei einige wichtige Fragen:

- Wie lernt ein Pferd, wie eignet es sich individuelle Muster an?
- Inwieweit ist das Verhaltensinventar genetisch, inwieweit ist es umweltbedingt?
- Wodurch kommt es zur Entwicklung von Problemverhalten im weitesten Sinne?
- Was muss ich als Reiter über die pferdetypischen Formen des Lernens wissen?

Wenn zwei sich streiten ...

Über lange Zeit gab es zwei prinzipiell unterschiedliche Meinungen bezüglich der Entwicklung von Verhalten: Eine

Gruppe von Wissenschaftlern war der Auffassung, Verhalten sei ein vererbbares Merkmal, eine andere Gruppe führte jedes Verhalten auf Umwelteinflüsse zurück, sahen es also als erlernt an.

Erst im Laufe der Zeit gelangte man zu der Einsicht, dass beide Faktoren, Erbgut und Umwelt, für das Verhalten eines Tieres verantwortlich sind und das man diese Aspekte nicht voneinander trennen kann. Jedes Verhaltensmerkmal ist also das Ergebnis einer Wechselwirkung von Erbgut und Umwelt. Diese Beziehung wird in der Formel

$$ph = f(g,u)$$

ausgedrückt, wobei ph für Phän (Merkmal) steht, g für den genetischen und u den umweltbedingten Aspekt der Ausprägung. f sagt aus, dass es sich hier um eine Funktion handelt.

Züchter sollten wissen, dass nicht nur Merkmale wie Temperament oder Rittigkeit, sondern auch eine gewisse Prädisposition zur Entwicklung von Verhaltensstörungen genetisch bedingt sind. Pferde hoch im Blut stehender Rassen (englische und arabische Vollblüter, stark veredelte Warmblüter) oder Nachkommen bestimmter Hengste zeigen diese Abweichungen häufiger als andere Pferde.

Für den Pferdehalter ist es von besonderem Interesse, die Zusammenhänge zwischen Umweltfaktoren und bestimmten Verhaltensweisen zu kennen sowie die Grenzen des eigenen Einflusses zu begreifen. Sprich: Wie muss ich die Umwelt meines Pferdes gestalten, damit sich sein Verhalten im weitesten Sinne „normal" entwickelt, und welche Verhaltensweisen muss ich akzeptieren, auch wenn sie mir vielleicht nicht gefallen, weil sie eben angeboren und deshalb nicht veränderbar sind?

Arabische Vollblüter entwickeln vergleichsweise häufiger als viele andere Rassen Verhaltensstörungen.

Allen Pferden gemeinsam

Um das Überleben des Einzelnen wie auch der Gruppe in der Steppe zu sichern, haben unsere Pferde im Verlauf ihrer Entwicklungsgeschichte ein optimal an diese Lebensbedingungen angepasstes Verhalten entwickelt.

Hier fühlen Pferde sich sicher, wir Menschen würden uns lieber in eine Höhle zurückziehen.

Es war für sie von Vorteil,

- sich als Sozialverband zu organisieren, der die Überlebensfähigkeit auch des schwächsten Mitgliedes durch Einbindung in die Gruppe verbessert,
- sich als waffenloser Grasfresser zum Fluchttier zu entwickeln, das erst davonrennt und dann die Lage beurteilt,
- eine Affinität zu erhöhten, ausgesetzten Stellen zu zeigen, die eine gute Rundumsicht über die gesamte Umgebung bieten und so die rechtzeitige Flucht erst ermöglichen,
- sich als äußerst mobil zu erweisen, um bei schlechter Futtergrundlage lange Strecken in kurzer Zeit zurücklegen zu können und
- das Leben in der Gemeinschaft durch zahlreiche Regeln zu ordnen, um nicht lebenswichtige Energie in Auseinandersetzungen zu verschwenden.

Diese Grundlagen und die sich daraus ergebenden Verhaltensweisen sind unseren Pferden angeboren und entziehen sich dem menschlichen Einfluss.

Reifungs- und Lernvorgänge

Wie bereits erwähnt, wirken Erfahrungen sehr stark auf die Entwicklung des individuellen Verhaltens ein, positive wie negative. Der optimalen Gestaltung der Lebensbedingungen unserer Pferde vom Fohlenalter an kommt deshalb eine große Bedeutung zu. Pferde sind relativ flexibel und lernfähig, da sie sich immer wieder an veränderte Umweltbedingungen anpassen mussten, trotzdem sind auch ihrer Anpassungsfähigkeit Grenzen gesetzt. Problematisch wird es vor allem dann, wenn die Möglichkeit für wichtige Lernprozesse nicht gegeben ist oder natürliche Veranlagungen sich durch negative Erfahrungen in eine Richtung entwickeln, die das Zusammenleben des Pferdes mit seinen Artgenossen, die eigene Gesundheit und das Wohlbefinden oder auch die gemeinsame Arbeit mit dem Menschen erschweren.

Unter *Reifung* versteht der Ethologe die Vervollkommnung angeborener Verhaltensweisen ohne Übung, also unabhängig von gemachten Erfahrungen. Diese Reifungsvorgänge vollziehen sich automatisch, ohne Einfluss der Umwelt. Für den Pferdehalter sind Reifungsvorgänge seines Pferdes von eher untergeordneter Bedeutung. Viel wichtiger sind echte *Lernvorgänge* des Pferdes, sei es bezüglich des arttypischen Verhaltens oder aber der Ausbildung zum Reitpferd.

Wir kennen unterschiedliche Formen des Lernens:
- Gewöhnung
- Klassische Konditionierung
- Operante Konditionierung
- Nachahmung
- Einsicht
- Prägung

In diesem Zusammenhang darf nicht unerwähnt bleiben, dass es für bestimmte Lernvorgänge ein zeitliches Limit gibt: Sie sind auf eine genau definierbare Altersstufe begrenzt, die man dann als „sensible Phase" bezeichnet. Werden diese Lernvorgänge während der sensiblen Phase nicht abgeschlossen, können sie während des weiteren Lebens nicht nachgeholt werden, der jeweilige Lernprozess bleibt dem Lebewesen folglich für immer verschlossen.

Für unsere Pferde gilt dies insbesondere für die Prägung.

Zwei Lernvorgänge: Lernen am Erfolg (Stute folgt Mensch) und Lernen durch Prägung (Nachlaufreaktion des Fohlens)

Das erste Mal beim Friseur: der junge Isländer lernt durch Gewöhnung, dass ihm nichts passiert.

Wie Pferde lernen

Menschen mit einem gleich bleibenden Tagesablauf nennt man gerne „Gewohnheitstiere", sie erscheinen unfähig oder unwillig, sich in irgendeiner Hinsicht zu ändern und zu entwickeln. Eigentlich bezeichnet der Lernprozess der *Gewöhnung* aber gerade den umgekehrten Vorgang: Tritt ein Reiz immer wieder auf und hat er für das diesem Reiz ausge-

setzte Tier weder negative noch positive Folgen, so nimmt die Bedeutung des Reizes allmählich ab – es hat sich an den Reiz gewöhnt, es reagiert nicht mehr darauf.

Mit diesem sehr einfachen Lernprozess können unerwünschte Verhaltensweisen unserer Pferde auf ebenso einfache wie effektive Art abgebaut werden, etwa bei der Gewöhnung an potenziell erschreckende Anblicke, Geräusche oder Berührungen. Die Technik des Aussackens nutzt, richtig angewendet, genau diesen Lernprozess. Allerdings muss beachtet werden, dass Gewöhnung ein reversibler Prozess ist.

Das Prinzip der *klassischen Konditionierung* verknüpft auf raffinierte Weise zwei Dinge miteinander, die eigentlich gar nicht zusammen gehören. Es beruht darauf, dass bestimmte Reize normalerweise immer eine bestimmte Antwort auslösen (unbedingter Reflex), während andere Reize für das Tier bedeutungslos (neutral) sind und deshalb unbeantwortet bleiben. Koppelt man nun einen neutralen Reiz zeitlich mit einem Reiz, der einen unbedingten Reflex auslöst, so entsteht eine Verknüpfung (bedingter Reflex genannt), die den neutralen Reiz mit der Antwort verbindet. Man könnte die klassische Konditionierung auch als Lernprozess des Unterbewusstseins bezeichnen, da alle Antworten (Reflexe) nicht vom Willen beeinflussbar sind.

Anders die *operante Konditionierung*, auch „Lernen am Objekt", „Versuch-Irrtum-Methode" oder „Lernen am Erfolg" genannt: Hier spielen sich bewusste Lernprozesse ab, bestehend aus der Verknüpfung einer Handlung mit einer Belohnung. Das Tier führt eine neue Bewegung aus und erlangt dadurch die Befriedigung eines Bedürfnisses, was als

Belohnung (Verstärkung) empfunden wird. Nach einiger Wiederholung entsteht eine Verknüpfung der Art „Wenn ich dies tue, wird das passieren und ich fühle mich wohl", die neue Handlung wurde erlernt. Für den Reiter und Pferdefreund spielt diese Form des Lernens bei der Ausbildung seines Pferdes die wohl größte Rolle. Indem jeder Schritt in die gewünschte Richtung belohnt, positiv verstärkt wird, entsteht eine Verknüpfung zwischen der korrekten Ausführung bestimmter Aufgaben und einem positiven Empfinden des Pferdes. Die Form der Belohnung kann individuell verschieden sein und etwa in einem freundlichen Wort, angenehmem Krabbeln am Mähnenkamm, Entlassen in die Dehnungshaltung oder der Gabe von Leckerlis bestehen.

Zum Lernen am Erfolg rechnet der Verhaltensforscher auch das Spiel, definiert als eigentlich zweckfreie, im positiven Sinne „sinnlose" Tätigkeit. Dieses „So-tun-als-ob" finden wir unter Pferden vor allem in Form von Laufspielen und Raufspielen, erstere auch alleine durchgeführt. Kennzeichnend für Bewegungsspiele des Pferdes sind häufig ausgelassene Aktivitäten wie wilde Galoppaden, Buckler und Hüpfer mit unmöglichen Verrenkungen, die oft von einem einzelnen spielwilligen Pferd auf die gesamte Herde übergreifen.

Ob gespielte Flucht oder gespielter Hengstkampf, immer wird die Spielabsicht deutlich durch entsprechende Signale bekannt gegeben, was den Spielenden vor Missverständnissen schützt und sicherstellt, dass nicht etwa die gesamte Herde in wilder Panik davon stiebt, nur weil ein junger Hüpfer Hummeln unterm Pony hat: Statt Drohmimik oder Angstgesicht signalisieren freundliche

Durch Nachahmung lernt das Fohlen, schmackhafte Gräser von anderen zu unterscheiden.

Auch ausgelassene Raufspiele mit allen Elementen des Hengstkampfes führen höchstens versehentlich zu banalen Verletzungen, sofern alle Beteiligten sozial kompetent sind.

Die *Nachahmung* kann auch als Lernen durch Beobachtung bezeichnet werden. Hierbei macht sich das Pferd die Erfahrung eines Artgenossen zunutze, schaut sich das Verhalten also ab. Fohlen lernen besonders intensiv durch Nachahmung, etwa indem sie ihre Mutter beim Grasen beobachten und so schmackhafte Pflanzen von weniger genießbaren unterscheiden lernen, doch auch junge oder erwachsene Pferde sind in der Lage, ihr eigenes Verhalten durch Nachahmung zu modifizieren.

Bei der Ausbildung junger Reitpferde kann die Begleitung eines erfahrenen, älteren Artgenossen wahre Wunder bewirken, wenn es etwa um die Gewöhnung an Ausrüstungsgegenstände oder die Bewältigung „gefährlicher" Situationen geht. Nicht zu verwechseln mit diesem echten Lernprozess ist die Stimmungsübertragung, bei der durch „Ansteckung" gleiche Verhaltensweisen zeitlich gekoppelt gezeigt werden. Diese jedoch müssen vom solcherart Angesteckten nicht neu gelernt werden, sondern sind bereits im Verhaltensrepertoire vorhanden.

Eine besonders hoch einzuschätzende Verstandesleistung stellt das *Lernen durch Einsicht*, auch *neukombiniertes Verhalten* genannt, dar. Diese Form des Lernens setzt voraus, dass ein Tier schon vor Beginn einer Handlung die Folgen voraussehen kann und spontan richtig handelt. Pferde scheinen, anders als Menschen und andere Primaten, nach heutigem Wissenstand dazu kaum in der Lage zu sein.

Gesichter, entspannte Körper und oft ein steil aufgestellter Schweif jedem die guten Absichten des Spielenden.

Bezüglich des Spiels lässt sich beobachten, dass diese Verhaltensweisen von jungen Pferden häufiger als von alten und von männlichen Pferden häufiger als von weiblichen gezeigt werden.

Auch wenn es langweilig ist, die Nachfolgereaktion muss gelernt werden.

Denkprozesse wie etwa das Vortäuschen einer Lahmheit, um sich vor einem Turnierbesuch am kommenden Wochenende zu drücken, liegen weit außerhalb der Möglichkeiten auch des pfiffigsten Pferdes.

Durch den *Prägung* genannten Vorgang lernt ein Pferd bereits als neugeborenes Fohlen, seine Mutter zu erkennen (Nachlaufprägung). Dieser Prozess beginnt unmittelbar nach der Geburt und ist innerhalb von etwa zwei Tagen abgeschlossen und dann nicht mehr veränderbar.

Es ist kein Zufall, dass die Stute in dieser Zeit ihr Fohlen sehr stark abschirmt und auf einen beständigen Kontakt – körperlich, geruchlich, stimmlich – achtet.

Bei Störungen während dieser sensiblen Phase kommt es mitunter zu Fehlprägungen, bei denen sich das Fohlen eng einer Ersatzmutter, etwa dem Menschen, anschließt.

Da dies negative Folgen für die gesamte weitere Entwicklung, auch die sexuelle Prägung und alle Aspekte des Sozialverhaltens hat, ist von allzu intensiver Einflussnahme des Menschen in dieser Zeit grundsätzlich abzuraten.

Aus diesem Grund ist die Methode des Imprint Training, bei der das Fohlen unmittelbar nach der Geburt einer Vielzahl von Manipulationen durch den Menschen ausgesetzt wird, als äußerst gefährlich und nicht zuletzt auch als ethisch zweifelhaft zu bezeichnen.

6 Typisch Pferd!
Funktionskreise des Pferdeverhaltens

Jede Bewegung lässt sich als Verhalten definieren – ein Pferd kann sich nicht *nicht* verhalten! Wir sollten es grundsätzlich vermeiden, uns nur auf Problemverhalten, nur auf das Verhalten des Pferdes im Umgang mit dem Menschen, nur auf die für uns unmittelbar relevanten Verhaltensweisen zu konzentrieren. Erst im Zusammenhang machen einzelne Verhaltensweisen das aus, was wir dann als „typisch Pferd" erkennen.

Immer in Bewegung – das Bewegungsverhalten

Wir wissen: Pferde lassen sich als Herden-, Flucht- und Lauftiere charakterisieren. Die Begriffe „Flucht" und „Laufen" scheinen nun eine Fortbewegung überwiegend in höherer Geschwindigkeit zu suggerieren, doch dem ist nicht so. Eigentlich gehen Equiden es gerne ganz gemütlich an, ihre Haupt- und Lieblingsgangart heißt Schritt.

Den größten Teil des Tages verbringen frei lebende Pferde mit der Futteraufnahme in Bewegung. Als Steppentiere waren sie es gewohnt, im langsamen Schritt („Weideschritt"), immer ein Bein vor das andere setzend den meist nur mager bewachsenen Weidegrund abzu-

gehen. Dabei legten sie täglich viele Kilometer zurück und waren ungefähr 15 bis 16 Stunden in Bewegung. Auch die Strecken vom und zum Wasser, Ruheplatz oder Wälzplatz wurden im ruhigen Schritt, im Gänsemarsch aufgereiht, zurückgelegt.

Anlässe für höhere Geschwindigkeiten waren und sind vor allem Flucht, Spiele und Auseinandersetzungen.

Nimmt ein Pferd einen als bedrohlich empfundenen Reiz wahr, wird ohne Verzögerung in hoher Geschwindigkeit geflohen. Je nachdem, wie stark der auslösende Reiz war und ob er noch andauert oder nicht, stellt das Pferd nach einer unterschiedlich langen Strecke die *Flucht* im schnellen Galopp ein und geht in den Trab über, der dann meist mit großer Körperspannung gezeigt wird. Schließlich bleibt das flüchtende Pferd stehen und sieht sich mit hoher Kopfhaltung in bleibender Spannung um. Oft wird dabei die Luft erregt ausgeblasen und die Spannung immer wieder durch ein paar Sprünge abgebaut. Erst nach sorgfältiger Analyse der Situation beruhigt sich das Pferd und kehrt zu seiner unterbrochenen Tätigkeit zurück.

Pferde gehen mit Gefahrensituationen völlig anders um als wir Menschen und dies führt immer wieder zu Problemen. Vor allem zwei Aspekte sind für die

unterschiedliche Beurteilung der Situation ausschlaggebend: Zum einen die sofortige Fluchtreaktion des Pferdes bei Reizen, die der Mensch als völlig harmlos erkennt, zum anderen die „Ansteckungsgefahr" innerhalb des Sozialverbandes. Erschrickt ein Pferd, flüchten eben alle, man verlässt sich in Pferdekreisen aufeinander und hat sich nicht zuletzt deshalb zum Herdentier entwickelt, weil sich so die weitläufige Steppe besser überwachen lässt.

Im *Spiel* zeigen Pferde verschiedene Aspekte des Bewegungsverhaltens in einem „sinnlosen" Kontext. Oft zeichnen sich die Bewegungsabläufe beim Spiel durch einen leicht zu erkennenden Überschwang aus, der im Zusammenhang mit der Mimik und der entspannten Körperhaltung das Geschehen als „So-tun-als-ob" kennzeichnet. Besonders beliebt sind Bewegungsspiele, bei denen sich Verfolgungsjagden, Kampfspiele und voneinander unabhängig vorgetragene, aber gleichzeitig ausgeführte Laufspiele abwechseln. Pferde spielen alleine (solitäres Spiel), öfter aber gemeinsam (soziales Spiel) und fordern einander gezielt zum Spiel auf, indem sie den potenziellen Partner anstupsen, zart kneifen oder umkreisen.

Manchmal beginnt auch ein Pferd mit einem Solitärspiel und steckt die anderen dabei an. Verfolgungsjagden werden von Kampfspielen abgelöst, die wieder in einer wilden Jagd enden.

Kampfspiele verlaufen nach festen Regeln.

Die Spannung wird oft aufgelöst, indem die Pferde sich trennen und unabhängig voneinander rennend die verrücktesten Verrenkungen durchführen: Buckeln, Auskeilen und Vorderhandschläge, oft in Kombination und von wildem Quieken begleitet.

Bei ernsthaften *Auseinandersetzungen*, wie sie insbesondere zwischen Hengsten während der Anwesenheit rossiger Stuten gezeigt werden, lassen sich zahlreiche Bewegungselemente finden, wie wir sie aus höheren Dressurlektionen kennen. Piaffe, Passage, Seitengänge, Levade oder Pesade sind keine unnatürlichen, dem Pferd unter Zwang andressierten Bewegungen, sondern normale Elemente des Bewegungsverhaltens.

Allerdings finden sich unter natürlichen Bedingungen die Urformen dieser Lektionen nur bei Hengsten, während Stuten weniger differenzierte Bewegungen bei Auseinandersetzungen zeigen. Rangordnungskämpfe unter Stuten werden typischerweise ausgetragen, indem die Kontrahentinnen Hinterteil an Hinterteil stehend ausschlagen und versuchen, einander wegzudrücken, begleitet von empörtem Quietschen.

Beim Treiben der Stuten nimmt der Hengst eine ganz typische Haltung ein: Mit angelegten Ohren und gesenktem Kopf vollführt er mit Kopf und Hals schlangenartige Bewegungen, während er einzelne Stuten zur Herde zurück oder die gesamte Gruppe von hinten treibt.

Reagiert eine der Damen nicht, kann es auch zu Kniffen und Bissen, meist in Sprunggelenk oder Kruppe, kommen. Die einfachen Bewegungen bei Auseinandersetzungen, etwa das Drohschwingen oder die Hinterhanddrohung, wurden bereits erwähnt.

Apropos Bewegungsverhalten: Gesprungen wird in freier Wildbahn nur, wenn es nicht anders geht. Freiwillig springt kein Pferd ...

Es wird deutlich, dass sich das Bewegungsverhalten des Pferdes nicht von anderen Funktionskreisen trennen lässt: Das Ernährungsverhalten und das Sozialverhalten mit den Teilaspekten Spiel und Kampf sind eng an bestimmte Formen der Bewegung gebunden.

Muss sein – das Ausscheidungsverhalten

Schon eigenartig, dem Absatz von Urin und Kot einen so hochtrabenden Namen zu geben, aber Ausscheidungen werden nicht zufällig irgendwo fallen gelassen, sondern sind ein wichtiges Element des Verhaltensinventars. Für den Pferdehalter spielt dies insofern eine Rolle, als einige Aspekte bei der Gestaltung der Haltungsbedingungen berücksichtigt werden müssen.

Gepinkelt wird, je nach Wasseraufnahme über Futter und Tränke und Wasserabgabe über den Schweiß, etwa alle vier bis fünf Stunden, oft gerne unmittel-

Bereits an der Silhouette lassen sich stallende Stuten …

… von Wallachen und Hengsten unterscheiden.

bar nach der Arbeit und nach längeren Ruhephasen im Liegen. Zum Urinieren bleibt das Pferd immer stehen, streckt die Vorderbeine nach vorne, stellt die Hinterbeine weit und beugt sie etwas – es schafft Platz, damit keine Urinspritzer an die Beine oder den Bauch gelangen. Aus diesem Grund weigern sich viele Pferde auch, auf harten Untergrund zu harnen, und halten lieber ein, bis sich

weicher Boden findet. Wie wir Menschen gut nachvollziehen können, lassen sich mit voller Blase keine sportlichen Höchstleistungen vollbringen. Oft deuten ein angespannter Rücken und zögerliches Gehen während der Arbeit unter dem Sattel an, dass das Pferd mal muss. Der Reiter hält es daraufhin an, lässt die Zügel locker und nimmt eine entlastende Haltung ein, damit sein Ross mit freiem Rücken agieren kann. Meist wird es sich, oft begleitet von einem hörbaren Seufzer, erleichtern, doch einige Spezialisten bestehen darauf, dass abgesessen oder gar abgesattelt wird – anders geht bei ihnen nichts! Längere Ritte sind deshalb so zu planen, dass ausreichend Pinkelpäuschen möglich sind und während der Rast die Pferde so angebunden sind, dass sie sich erleichtern können.

Kot kann auch während der Bewegung abgesetzt werden, was jedoch nur in Ausnahmefällen oder auf Wunsch des Reiters geschieht. Auch wenn dies dem mitfühlenden Reiter schwer fällt, sollte er grundsätzlich darauf bestehen, denn es könnte seinem Ross sonst einfallen, ausgerechnet während der Überquerung einer viel befahrenen Straße mal eben anzuhalten, um zu müssen ... Als nicht revierbildende Steppenbewohner nutzten die Vorfahren unserer Hauspferde den Kotabsatz auch zur Übermittlung von Nachrichten. So hat das Ausscheidungsverhalten seinen Platz im großen Kontext des Sozialverhaltens: Die Art des Kotabsatzes, der Kot selbst und die darin enthaltenen Duftstoffe übermitteln Informationen vor allem bezüglich Geschlecht und Rang. Kein Wunder, dass alle Hinterlassenschaften interessiert von anderen Herdenmitgliedern beschnuppert werden! Besonders tun sich dabei die Hengste hervor, die den Haufen der Konkurrenz ausgiebig untersuchen, auseinander scharren, anschließend mit eigenem Kot oder Urin überdecken und erneut kontrollieren.

Gegrast wird nur, wo keiner hinmacht, doch wie sieht es in der Box aus?

es um die Futteraufnahme oder die Auswahl von Ruheplätzen geht. Während frei lebende Pferde kaum mit ihren Hinterlassenschaften in Berührung kamen und deshalb auch keinen Anlass hatten, entsprechende Verhaltensweisen zur Meidung des Kontakts (etwa Verscharren) zu bilden, nutzten sie jedoch immer schon auffällige Stellen zum Absatz von Kot und Harn, vermutlich wegen der Signalwirkung.

Domestizierte Pferde neigen ebenfalls dazu, beim Weidegang bestimmte Stellen zu bevorzugen, oft entlang des Zaunes, in Ecken, auf Maulwurfshügeln oder ähnlichen Stellen. Da sie dort kein Gras mehr aufnehmen und die Artgenossen ebenfalls an diesen Stellen koten und harnen, bilden sich auffällige Flecken unberührten Bewuchses aus – die Geilstellen.

Allerdings ist es Pferden in Boxenhaltung schlicht unmöglich, die eigenen Ausscheidungen zu meiden, sie sind gezwungen, auf einer Unterlage aus Kot und Urin zu ruhen und von dort ihr Heu aufzunehmen.

Dies ist nicht nur vom hygienischen Standpunkt wegen der Aufnahme von Endoparasiten eine Zumutung, sondern auch auf Grund der damit verbundenen Schädigung der Lungen und der oft herabgesetzten Liegezeiten. Bekanntlich entstehen beim Zerfall der Ausscheidungen aggressive Substanzen, insbesondere Ammoniak, der dann während der Liegephasen intensiv eingeatmet wird und die empfindlichen Schleimhäute des Atmungstraktes zersetzt.

Auffälligerweise zeigen übrigens viele Hengste in der Box ein ähnliches Meideverhalten wie auf der Weide, sie setzen häufig nur an einer Stelle Kot ab und halten den Rest des Raumes peinlich sauber.

Wehe dem rangniedrigeren Kollegen, der die Äppel des Chefs überharnt oder überkotet – dies wird sofort als Provokation erkannt und geahndet! So wird das Koten auch genutzt, um den eigenen Rang zu unterstreichen.

Trotz des ausgeprägten Interesses an den Ausscheidungen werden Kot und Urin im Allgemeinen gemieden, wenn

Ruhe sanft –
das Ruheverhalten

Wo wir gerade beim Thema Liegen sind: Das Ruheverhalten unserer Pferde unterscheidet sich ganz grundlegend von unseren eigenen Bedürfnissen. Als Fluchttiere konnten es sich die wild lebenden Vorfahren schlicht nicht leisten, jede Nacht ein paar Stunden fest zu schlafen, das hätten sie nicht lange überlebt.

Vielmehr bildeten sie ausgeklügelte Mechanismen aus, durch die sie trotz der ständigen Bedrohung zu ihrer wohlverdienten Ruhe kamen. Diese Techniken haben sie bis heute beibehalten. Kennzeichnend dafür sind vor allem

- die Unterteilung der täglichen Ruhezeiten in viele kurze Intervalle,
- die Ausbildung unterschiedlicher Ruheformen,
- die Bevorzugung ausgesetzter, trockenwarmer Stellen und
- ein großes Bedürfnis nach Sicherheit durch die Anwesenheit wachhabender Artgenossen, insbesondere im Tiefschlaf.

Pferde ruhen etwa 30 Prozent des Tages, in Stunden gerechnet verbringen sie ungefähr zwei bis drei Stunden liegend und weitere fünf Stunden stehend in Ruhe, jeweils in Intervallen von etwa zwanzig Minuten. Allerdings ruhen Fohlen bedeutend länger und liegen dabei auch mehr, während sehr alte Pferde sich oft kaum mehr niederlegen, da das Aufstehen Mühe macht. Ruhepäuschen werden nachts gehäuft, aber auch tagsüber vor allem während der größten Hitze (Sommer) oder unmittelbar nach Sonnenaufgang (Sonnenbad) eingelegt.

Dies alles unter natürlichen Bedingungen und annähernd auch bei artgerechter Haltung; das Boxenpferd in Ein-

Bei Insektenplage wedelt einer dem anderen die Fliegen vom Gesicht.

zelhaltung dagegen ruht – gezwungenermaßen – 80 bis 90 Prozent des Tages!

Beim *Dösen im Stehen* finden sich oft Paare oder Gruppen, die sich hintereinander oder verkehrt parallel aufstellen, um sich gegenseitig die Fliegen aus dem Gesicht zu wedeln. In der kalten Jahreszeit wird bei Sonnenschein die Breitseite der Sonne zugekehrt, bei schlechtem Wetter die Kruppe in Windrichtung ausgerichtet. Im Stand ruhende Pferde zeigen das Dösgesicht und eine ent-

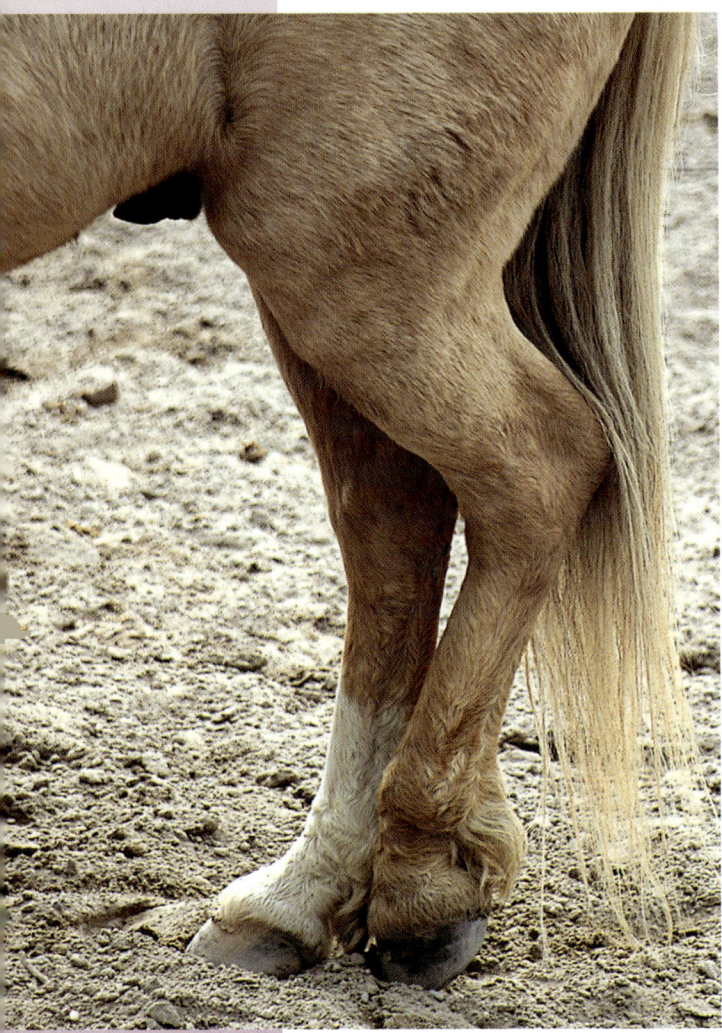

Das schildernde Bein erholt sich, das andere trägt die Hinterhand alleine, doch ohne Energieaufwand.

Aus dem Dösen im Stehen sind Pferde in Sekundenschnelle hellwach und fluchtbereit.

Auf bevorzugt trockenwarmen, griffigen Untergrund legen sich Pferde zur tieferen Ruhe ab. Dabei knicken sie mit der Vorhand ein und rollen über die Schulter in *Brustbauchlage*. Die Hinterbeine werden angezogen, die Vorderbeine eingeknickt und halb untergeschlagen. Oft bevorzugen Pferde eine Seite, was sich am Grad der Verschmutzung ablesen lässt. Der Kopf wird entweder frei getragen, wobei das typische Dösgesicht gezeigt wird, bei zunehmender Intensität der Ruhe können die Augen aber auch geschlossen und schließlich das Maul aufgesetzt werden. In Brustbauchlage können Pferde entweder dösen oder oberflächlich schlafen.

Aus dieser Haltung gehen Pferde zum Tiefschlaf in die *Seitenlage* über, indem sie die Beine ausstrecken und Kopf und Hals seitlich auflegen. In dieser Lage zeigen sie alle Anzeichen des REM-Schlafes, einer besonders intensiven und seelisch erholsamen Form der Ruhe, die ihren Namen von den dabei auftretenden, unwillkürlichen Bewegungen des Augapfels erhält (Rapid Eye Movement). Wer sich einmal die Zeit nimmt, Pferde dabei zu beobachten, ohne sie zu stören, wird überrascht feststellen, dass sie offensichtlich träumen. Sie zeigen Bewegungen der Beine, Ohren und Augen, können schnauben, wiehern oder blubbern, ganz wie bei einem intensiven Traum. Fohlen ruhen deutlich länger in Seitenlage als Erwachsene, doch auch diese benötigen den erholsamen Schlaf im Liegen für ihr körperliches und seelisches Wohlbefinden.

Aufgestanden wird, indem zunächst die Hinterbeine unter den Körper gezo-

spannte Körperhaltung mit annähernd waagrecht ausgerichtetem Hals. Eine spezielle anatomische Einrichtung („unermüdliche Steheinrichtung") hilft ihnen, die Hinterhand zu entlasten. Die Kniescheibe wird über einen Knochenvorsprung fixiert und dadurch die Gliedmaße ohne Muskelkraft versteift. Ein Bein trägt nun die gesamte Hinterhand, ohne jedoch Energie aufwenden zu müssen, das andere wird entlastet, wobei der Huf meist auf die Spitze gestellt wird („schildern").

Der Tiefschlaf auf der Seite ist nur möglich, wenn das Pferd sich sicher fühlt.

gen und die Vorderbeine steif nach vorne weg gestreckt werden und dann mit Kopf und Hals nach vorne geschwungen wird. Dabei können nun die Hinterbeine gestreckt werden, das Pferd steht auf.

Um entspannt zu ruhen, braucht das Fluchttier Pferd Sicherheit. Diese erhält es insbesondere während der intensiven Ruhe im Liegen, aus der es eben nicht ganz so schnell fluchtbereit ist, durch die Anwesenheit wachender Artgenossen. Nie liegen alle Angehörigen einer Gruppe gleichzeitig, immer behält minde-

stens ein Herdenmitglied die Umgebung im Auge und warnt durch seine Reaktion die intensiver ruhenden Kollegen. In konventionellen Gitterboxen bricht beim Niederlegen der Sichtkontakt zu den Artgenossen ab, was negative Folgen für die Länge und Qualität dieser wichtigen Ruhephasen hat. Auch bei artgerechter Haltung gilt es, die Bedürfnisse der Pferde hinsichtlich ihres Schlafverhaltens zu berücksichtigen. Ein sauberer, trockener und weicher Untergrund an einem ausgesetzten, doch geschützten

*Bewacht von „Onkel"
Kari können die
Absetzer ruhig dösen.*

Speis und Trank –
das Ernährungsverhalten

Im Zusammenhang mit dem Bewegungsverhalten wurde bereits angesprochen, dass Pferde sich ursprünglich langsam grasend vorwärts bewegten und damit täglich viele Stunden verbrachten. Als Steppentiere haben sie sich zudem im Verlauf ihrer Entwicklungsgeschichte an die beständige Aufnahme kleiner Mengen wenig gehaltvoller Nahrung angepasst. Domestizierte Pferde haben dieselben Grundbedürfnisse bezüglich der Futteraufnahme wie ihre wilden Vorfahren, die es zu berücksichtigen gilt, da ansonsten nicht nur psychische, sondern auch physische Störungen eintreten. Nicht nur das „Was", sondern auch das „Wie" der Futteraufnahme ist entscheidend.

Unter naturnahen Bedingungen grasen oft alle Mitglieder der Herde gemeinsam und nehmen bei ausreichendem Angebot ungefähr die Hälfte des Tages Futter auf, entweder in Form kleiner Zwischenmahlzeiten oder als mehrstündige Hauptmahlzeiten, dann überwiegend abends und morgens.

Nicht nur die innere Uhr besteht auf dieser Dauerbeschäftigung, sondern auch das gesamte Verdauungssystem der Pferde ist darauf ausgelegt, beständig mit kleinen Mengen wenig konzentrierter Nahrung gefüllt zu werden.

Abweichungen hin zu großen Kraftfutterportionen und rationierter Raufutteraufnahme oder zu wenigen, großen Mahlzeiten führen deshalb nicht nur zu psychischen, sondern auch zu physischen Störungen. Je weniger Beschäftigung ein domestiziertes Pferd hat, desto wichtiger wird die mit dem Futter verbrachte

Platz sollte als Ruhefläche reserviert und nicht anderweitig genutzt werden. Zu viel Aktivität (etwa bei Platzierung eines Wasserwagens) stört und lässt insbesondere rangniedrige Tiere nicht ausreichend zur Ruhe kommen.

Falsch verstandene Offenstallhaltung mit durchweg matschigem Untergrund, zu geringem Platzangebot oder fehlender Trennung der Funktionsbereiche führt dazu, dass sich die Pferde kaum ablegen.

Zeit, auch wenn sie am Platz und nicht in der Bewegung erfolgt – Futteraufnahme im Stehen ist besser als Langeweile!

Zur Futteraufnahme nehmen Pferde bevorzugt eine bestimmte Haltung ein: Beim typischen Weideschritt wird stets ein Vorderbein vorgesetzt, sodass der Kopf bequem bis an den Boden geführt werden kann. Die Futteraufnahme in dieser entspannten Haltung ist dem Pferd nur möglich, wenn das Futter bodennah vorgelegt wird, Überkopfraufen sind deshalb abzulehnen. Futterkrippen für die Kraftfuttervorlage können allerdings brusthoch angebracht werden, da für die Aufnahme nur relativ wenig Zeit benötigt wird.

Die empfindlichen Lippen helfen bei der Auswahl bevorzugter Gräser und formen ein Büschel, das dann mit den Vorderzähnen erfasst und mit einer Seit-wärtsbewegung des Kopfes abgerissen wird. Der Bissen gelangt zu den Backenzähnen, wird dort zermahlen und abgeschluckt.

Bei der Aufnahme von Kraftfutter zeigen Pferde ebenfalls intensive Lippenbewegungen und schaffen es sogar, aus Müslifutter einzelne, unbeliebte Körner oder Pellets heraus zu sortieren.

Gräser, Kräuter und Leguminosen bilden zwar die Hauptnahrung des frei lebenden Pferdes, doch werden auch Schilf, Baumrinden und andere Pflanzennahrung nicht verschmäht.

Gerne nimmt das Pferd ganze Äste von Pappeln, Weiden oder ungespritzten Obstbäumen an, die sorgfältig geschält, manchmal sogar restlos zernagt und gefressen werden – eine gute Beschäftigung für gelangweilte Pferde!

Bezüglich des Futteraufnahmeverhaltens führen insbesondere zwei Aspekte

Schilf, Blätter und Rinde gehören ebenfalls zur natürlichen Nahrung unserer Pferde.

Die Tendenz wohlmeinender Pferdehalter, ihren Vierbeinern vor allem viel gutes Kraftfutter vorzulegen und lieber an Heu und Stroh zu sparen, bringt das Verdauungssystem der Pferde in die Klemme. Natürlich wird das oft mit Melasse oder ähnlich wohlschmeckenden Zutaten angereicherte Kraftfutter bevorzugt gefressen, doch da es kaum gekaut werden muss, vermittelt es auch kein Sättigungsgefühl.

Obwohl genügend Nährstoffe aufgenommen wurden, hat das Pferd deshalb nach wie vor Heißhunger. Es wird entweder einen Nachschlag fordern und erhalten und bald Verdauungsprobleme bekommen oder nach Ersatzbeschäftigungen suchen, sprich eine Verhaltensstörung entwickeln.

Auch bei artgerechter Haltung müssen die angeborenen Bedürfnisse des Pferdes bezüglich der Futteraufnahme berücksichtigt werden.

Reicht das Platzangebot am Futtertisch nicht aus, werden rangniedrige Pferde ständig gestört und erhalten möglicherweise kaum ausreichend Zugang zum Futter. Als Abhilfe bieten sich verschiedene Lösungen an:

- In kleinen Pferdebeständen werden an verschiedenen Stellen des Unterstandes Bodenkrippen eingerichtet, und zwar eine Krippe mehr als notwendig. Wird ein Pferd vertrieben, findet es stets noch eine gefüllte Raufe vor. Diese Möglichkeit ist sicher die umständlichste und aufwändigste, doch sorgt sie für Ruhe im Stall.
- Bei ausreichendem Platzangebot wird ein so langer Futtertisch eingerichtet, dass die Individualabstände gewahrt werden können.
- Ist der Platz begrenzt und sollen Pferde einzeln gezielt zugefüttert werden,

oft zu Problemen: Pferde bevorzugen süßlich schmeckende Nahrung und sie kennen kein Sättigungsgefühl wie wir. Nehmen wir zu viel Nahrung auf, erhalten wir eine entsprechende Rückmeldung über Dehnungsrezeptoren der Magenwand und stellen die „Futteraufnahme" ein.

Pferde besitzen keine derartigen Rezeptoren, sie fühlen sich vermutlich erst nach einer bestimmten Anzahl von Kauschlägen, ausreichend mit der Futteraufnahme verbrachter Zeit oder Ermüdung der Kaumuskulatur satt.

empfiehlt sich die Einrichtung von Fressständen. Diese sollten seitlich geschlossen, aber mit Sehschlitzen versehen sein, eng und tief konstruiert (dem Exterieur entsprechend variieren die Maße natürlich) werden, damit auch rangniedrige Pferde unbehelligt fressen können. Manche Konstruktionen lassen sich nach dem Betreten der Fressstände hinten verschließen.

- Aufwändig und kostenintensiv, aber optimal sind rechnergesteuerte Futterautomaten, die eine individuelle Futtervorlage ermöglichen. In Kombination mit einem ausgeklügelten Wegesystem (Bewegungsstall) ermöglichen sie die Fütterung von Kleinstmengen in Verbindung mit einer erhöhten Lauftätigkeit der Pferde. Einziger Nachteil: Anders als von der Natur vorgesehen, fressen die Pferde einzeln und nicht in der Gruppe, was zu Futterneid führen kann.

Auch bei der Wasseraufnahme lässt sich arttypisches Verhalten beobachten. Wie oft und wie viel ein Pferd täglich trinkt, hängt von der Umgebungstemperatur, der erbrachten Leistung und dem Wassergehalt des Futters ab, doch sind Höchstmengen von zehn Litern pro 100 Kilogramm Körpergewicht durchaus üblich. Wie bei der Futteraufnahme auch beobachten alle Pferde gerne die Umgebung und unterbrechen die Wasseraufnahme immer wieder, um zu sichern. Ist alles in Ordnung, senken sie den Kopf zur Wasseroberfläche, schließen die Lippen fast vollständig und saugen das Wasser über eine kleine, verbliebene Öffnung an.

Was die Ansprüche unserer Pferde an die Wasserqualität angeht, gibt es unterschiedliche und sogar widersprüchliche Beobachtungen. So wird immer wieder von – zumeist hochblütigen – Sport-

Aus der Bodenraufe kann das Futter in arttypischer Weise aufgenommen werden.

Oben im Stall gibt es frisches Wasser, doch Toppur zieht diese Brühe vor - wer weiß schon, warum?

pferden berichtet, die in fremder Umgebung kein Wasser aufnehmen, sondern auf ihrer „Hausmarke" bestehen. Starten sie auswärts auf Turnieren oder Rennen, wird deshalb nicht nur das gewohnte Futter, sondern auch Wasser aus dem heimischen Hahn bereit gestellt. Da andererseits Pferde unter natürlichen oder naturnahen Bedingungen längst nicht so zimperlich sind und sich dies auch gar nicht leisten können, lässt sich hinter dieser Eigenart ein Fehler in der Aufzucht vermuten. Das Fohlen lernt von seiner Mutter, aber auch durch die Beobachtung von Artgenossen und eigene Erfahrungen, welche Futtermittel geeignet sind. Dies gilt auch für die Wasseraufnahme, sodass zu vermuten steht, dass eine allzu geringe Auswahl an Wasserquellen es dem Pferd später unmöglich macht, andere Qualitäten zu akzeptieren.

Es wird zwar immer wieder behauptet, Pferde nähmen kein verschmutztes, veraltes oder mit Kot belastetes Wasser auf, doch gibt es auch hierzu widersprüchliche Beobachtungen, nach denen einzelne Pferde ohne Not derartiges Wasser sogar bevorzugen. Ob auch hier eine Fehlentwicklung während der Aufzucht die Ursache ist oder es gute Gründe für dieses Verhalten gibt, ist nicht bekannt.

Bei der Installation der Wasserquelle sollten verschiedene Aspekte des Sozial- und Ernährungsverhaltens beachtet werden. Tränken in unmittelbarer Nähe bevorzugter Ruheplätze werden gerne von ranghohen Tieren förmlich belagert und sind dann für andere oft über lange Zeit nicht zugänglich. Bei großen Herden oder bekannt missgünstigen Herdenmitgliedern empfiehlt sich deshalb die Einrichtung mehrerer Tränken. Wasserquellen unmittelbar neben einer Heuraufe werden gerne zum Einweichen des Raufutters missbraucht, was der Verdauung nicht eben förderlich ist. Besser, man plant einen gehörigen Abstand ein und macht es so den kau-faulen Kollegen ein bisschen schwerer.

Alles Anstellen zum Trinken: Bei größeren Herden reicht eine Tränke nicht.

In guter Gesellschaft – das Sozialverhalten

Teilaspekte des Sozialverhaltens wurden bereits im Zusammenhang mit allen Funktionsbereichen sowie in den einlei- tenden Kapiteln erwähnt. Es sollte deut- lich geworden sein, dass es dem Pferd ohne die Gesellschaft von Artgenossen unmöglich ist, ein auch nur annähernd natürliches Verhalten zu entwickeln und dass sämtliche anderen Funktionsberei- che ebenfalls stark von der An- oder

Abwesenheit anderer Pferde berührt oder beeinträchtigt werden.

Ein Pferd ist kein Pferd – soll heißen, dass typisches Pferdeverhalten ausschließlich bei der Haltung in der Gruppe möglich ist, bei Einzelhaltung dagegen starke Abweichungen und Störungen der natürlichen Verhaltensweisen entstehen.

Wären alle diese Abweichungen von der Norm für den Menschen von Nachteil, hätte sich die artgerechte Haltung längst auch in den traditionell orientierten Bereichen des Sports und der Zucht durchgesetzt, doch sind viele Störungen nicht ohne weiteres als solche zu erkennen oder längst akzeptierter und damit „normaler" Bestandteil der Pferdehaltung.

Gehen Sie einmal mit offenen Augen und Ohren durch einen nicht artgerecht gestalteten Stall und zählen den Prozentsatz an Pferden mit Störungen – Koppen, Weben, im Kreis Laufen, Barrenwetzen, Aggressivität gegenüber Artgenossen oder Menschen, Unkontrollierbarkeit unter dem Sattel – und

führen die selbe Nagelprobe in einem Offenstall durch: Sie werden zum überzeugten Verfechter artgerechter Haltung, garantiert!

Ergänzend zu den bereits aufgeführten Verflechtungen des Sozialverhaltens mit anderen Funktionsbereichen und des ebenso dargestellten Familienlebens sollen die Grundsätze des Zusammenlebens nochmals kurz erläutert werden. Die soziale Struktur der Herde ist bestimmt von Verwandtschafts- und Rangverhältnissen. Die Organisation der Lebensgemeinschaft vermittelt dem Individuum Sicherheit, ganz unabhängig vom eigenen Rang. Sicherheit nicht nur nach außen, potenziellen Gefahren gegenüber, sondern auch nach innen, da die Einbindung in das Rangsystem jedem ohne großen Aufwand einen Platz zuweist und alle Aspekte des Zusammenlebens regelt, ohne dass diese erst aufwändig geklärt werden müssten. Wer wem ausweicht, wer Vorrang beim Zugang zu Wasser und Futter hat, wer den besten Ruheplatz für sich beanspruchen kann, wer die Führung bei Wanderungen übernimmt und wer sich führen lässt, dies und mehr ergibt sich automatisch aus dem Rang des Individuums und dem der Artgenossen, mit denen es soziale Kontakte eingeht.

Ein hoher Rang wird nicht zuerkannt, sondern erworben. Ausschlaggebend für den eigenen Rang sind Eigenschaften, die das Individuum wertvoll für die Gemeinschaft machen und die wir Menschen wohl mit dem Begriff „Führungsqualitäten" belegen würden. Es ist auch, aber nicht nur, die körperliche Überlegenheit, die entscheidend ist, viel mehr zählen Erfahrung und Durchsetzungsvermögen. Ranghohe Pferde fallen nicht etwa durch große Aggressivität anderer Herden-

Man kann nicht früh genug für den Ernstfall üben, denn Hengstsein will gelernt sein.

Hengste unter sich:
Sieht wild aus, hat aber
alles seine Ordnung.

mitgliedern gegenüber auf, denn sie lösen Konflikte meist durch wenig aufwändige Gesten und ausdrucksvolle Mimik – das reicht. Alter, Kampferfahrung und die mit den Jahren gereifte Souveränität machen den Herdenführer aus, oft ein Pferd, dem wir Menschen die Führungsqualität nicht ansehen.

Trotz des Hanges zur gütlichen Einigung kommt es natürlich, bei gewachsenen Herden ebenso wie bei nach menschlichem Ermessen zusammengestellten, zu Konflikten, wobei schwere Verletzungen nur im seltensten Falle die Folge sind. Die meisten Auseinandersetzungen werden gewaltfrei gelöst, indem der Überlegene durch drohende Verhaltensweisen den Gegner in die Schranken weist und dieser die Ranghöhe des anderen anerkennt, indem er ausweicht, flüchtet oder Gesten der Unterlegenheit (Leerkauen des Fohlens, Abwenden) zeigt. Körperliche Auseinandersetzungen verlaufen

nach geschlechtstypischen Mustern und unterliegen strengen Regeln, durch die Verletzungen weitgehend vermieden werden können. Man bezeichnet diese Form der ritualisierten Auseinandersetzung als Kommentkampf oder Turnierkampf.

Hengste und Wallache steigen einander an, knien sich auf die Handwurzelgelenke und beißen einander in die Vorderbeine, umkreisen sich, beißen sich dabei in die Hinterhand und führen interessanterweise diese und andere Bewegungen fast völlig synchron aus, obwohl sie durch „Regelbrüche" durchaus Vorteile erlangen könnten. Um einen Kommentkampf oder Ernstkampf ohne schwere Verletzungen beenden zu können, muss der Unterlegene die Möglichkeit zur Flucht haben. Nur selten wird die Situation zum Ernstkampf eskalieren, unter natürlichen Bedingungen kommt es wohl nur bei der Anwesenheit rossiger Stuten unter Hengsten zu solchen Kämpfen, die dann aber sogar tödlich enden können. Wie bereits erwähnt, leben die Hengste einer Junggesellenherde durchaus friedlich miteinander und selbst Haremshengste sind keine blutrünstigen Tyrannen, sondern sorgende Familienväter.

Kampfspiele verlaufen nach denselben Mustern, es fehlt aber jede Drohmimik und es kommt zu keiner endgültigen Entscheidung durch Aufgabe eines Gegners, vielmehr sogar zu mehrfachen Rollenwechsel zwischen „Gewinner" und „Verlierer". Außerdem finden sich oft sehr zart durchgeführte Kabbeleien, etwa indem beide Spielpartner einander abwechselnd vorsichtig ins Gesicht kneifen.

Unter menschlicher Obhut gelten prinzipiell dieselben Regeln, wobei eine ungeschickte Zusammenstellung der Herden und die häufige Fluktuation ein höheres Konfliktpotenzial mit sich bringen. Auch Fehler in der Gestaltung einer Offenstallanlage oder Weide (Platzmangel, tote Ecken) können dazu führen, dass es häufiger zu Verletzungen kommt. Nicht zuletzt sind sozial defizitäre Pferde oft ein bleibender Unruheherd, da sie mit den Regeln des Zusammenlebens nicht vertraut und oft wenig versiert in der innerartlichen Kommunikation sind. Offenstallherden leben am friedlichsten miteinander, wenn

- ihre Zusammensetzung über lange Zeit konstant bleibt,
- Stuten und Wallache (Wallache und Hengste können häufig zusammen gehalten werden) getrennt aufgestallt werden,
- sich die Mitglieder einer Herde in Alter und Körpergröße nicht allzu sehr voneinander unterscheiden (Ausnahme: Absetzer und „Tanten" oder „Onkel")
- die Anlage stark strukturiert ist durch

Trennung der Funktionsbereiche und Integration trennender Elemente, um Rückzugsräume zu schaffen und
- räumlich so dimensioniert ist, dass jedes Mitglied zu jeder Zeit ungestört jeden Funktionsbereich aufsuchen kann.

Bitte hier kratzen – das Komfortverhalten

Körperpflege wird in Pferdekreisen groß geschrieben, auch wenn sie hierbei andere Prioritäten setzen als wir Menschen. Es wird niemanden wundern, dass die Pflege auf Gegenseitigkeit – die soziale Körperpflege – einen größeren Stellenwert hat als die von einem Pferd an sich selbst durchgeführte, solitäre Form.

Bei der Annäherung zeigt der Initiator einer Putzaktion das „Putzgesicht" mit freundlichem Ausdruck und einer typisch verlängerten Oberlippe. Schon die Fohlen üben sich hingebungsvoll und mit großer Ausdauer im gegenseitigen Mähnenkraulen. Kennzeichnend für soziale Körperpflege ist die verkehrt-parallele Haltung, in der beide Pferde sich mit den Zähnen an denselben Stellen beknabbern. Ihre Aufmerksamkeit gilt dabei vor allem den Körperteilen, die sie selbst kaum erreichen können, also der Oberseite vom Mähnenkamm über Widerrist und Rücken bis zur Kruppe.

Ausgesprochen erfinderisch zeigen sich Pferde bei der solitären Körperpflege. Sie beknabbern sich mit den Schneidezähnen und erreichen dabei Vorderbeine, Brust, Flanken und Hinterbeine. Der Hinterhuf kann eingesetzt werden, um sich im Bereich des Kopfes zu kratzen. Vorsicht: Trägt das Pferd ein Halfter, kann es sich darin verfangen, kommt

Männerfreundschaft: Chris krault, und Hengst Dollar genießt.

unweigerlich zu Fall und kann auf Grund der einsetzenden Panik am Schock sterben! Mit großer Vorsicht werden spitze Gegenstände genutzt, um sich im Gesicht oder an den Ohren, aber auch am Rücken, an der Kruppe oder am Bauch zu kratzen.

Jucken die Augen auf Grund einer unbehandelten Erkrankung, kann sich das Pferd so heftig am eigenen Vorderbein scheuern, dass es zu Hornhautverletzungen kommt. Baumstämme werden vor allem benutzt, um sich an Mähne und

Soziale Fellpflege festigt die Bindung zwischen Freunden.

Schweif zu scheuern. Nimmt dies überhand, fällt ein Pferd durch besonders intensiv, ja heftig betriebene soziale oder solitäre Fellpflege auf, kann dies ein Hinweis auf bestimmte Erkrankungen (Sommerekzem, Befall mit Pfriemenschwänzen oder Haarlinge) sein.

Einen hohen Stellenwert hat das Wälzen, eine Rundum-Fellpflege, die für das Wohlbefinden besonders wichtig ist. In der Obhut des Menschen gehaltene Pferde wälzen sich bevorzugt nach der Arbeit, vor allem dann, wenn sie geschwitzt haben. Steht einem Boxenpferd nicht genügend Platz für ordentliche Wälzaktionen zur Verfügung, kommt es häufig zum Festliegen des Pferdes in der Box, weil sich der Vierbeiner in eine Lage gebracht hat, aus der er selbständig nicht mehr aufstehen kann. Fehlt die Möglichkeit zum Wälzen, sollte das Pferd nach dem Absatteln frei in die Halle oder auf einen anderen, umzäunten Platz mit trockenem, weichem Untergrund gebracht werden, damit es diesem elementaren Bedürfnis nachgehen kann.

Beim Wälzen legt sich das Pferd zunächst in gewohnter Weise in Brust-Bauchlage ab, streckt sich dann aber sofort auf die Seite und führt ausgiebige Scheuerbewegungen mit Kopf und Hals durch. Es nimmt mehrmals Anlauf, um auch Rücken und Kruppe an dieser Wohltat teilhaben zu lassen.

Mit Übung gelingt es ihm dann, sich auf die andere Seite zu wälzen, wo die Aktion wiederholt wird. Nach dem Aufstehen schüttelt es sich, wobei die Beine steif abgespreizt werden und die Schüttelbewegung wie eine Welle von vorne nach hinten durch den Körper läuft. Oft wird danach heftig geprustet, weil bei dieser Aktion meist Staub eingeatmet wird.

Zum Wälzen werden unbewachsene trockene, sandige oder harte Plätze bevorzugt, bei Insektenplage aber holt sich das Pferd durch Wahl eines feuchten Wälzplatzes gerne eine Schlammkruste, die einen sehr effektiven Schutz bietet. Übrigens sind Pferde sehr pingelig in der Auswahl eines geeigneten Ortes und

Beim Wälzen werden trockene Plätze vorgezogen.

suchen zunächst mit gesenkter Nase nach dem passenden Fleckchen, das dann noch mit scharrenden Bewegungen des Vorderbeines überprüft wird.

Häufiges Niederlegen und Aufstehen ohne Wälzen oder mit nur kurzem Ausstrecken auf die Seite, oft begleitet von schlagenden Bewegungen der Hinterhand gegen den Bauch und Umsehen nach der Flanke, ist ein typisches Anzeichen für eine Kolikerkrankung.

Einander nahe stehende Pferde bekräftigen ihre Bindung über die Fellpflege, einen ähnlichen Stellenwert hat auch die Pflege des Pferdes durch den betreuenden Menschen. Nicht nur die übliche Putzaktion vor der Arbeit sollte vom Pferdefreund ganz bewusst in diesem Zu-

sammenhang gesehen werden, vielmehr lässt sich mit einem herzhaften Kraulen entlang des Mähnenkamms auch ein Lob, eine Bestätigung der freundschaftlichen Beziehung auf verständliche Art signalisieren, während das unsägliche, laut knallende Halsklopfen dem Pferd vermutlich nur spanisch vorkommt.

Während bei der Einzelhaltung in der Box nur die solitäre Fellpflege möglich und auch diese oft mit Problemen verbunden ist (Festliegen), bieten artgerechte Haltungsformen zahlreiche Gelegenheiten für solitäre und soziale Fellpflege.

Diese können durch geeignete Maßnahmen in bestimmte Bahnen gelenkt werden. Trockene, mit Sand, Spänen, Stroh oder Rindenschnitzeln eingestreute, überdachte und abgegrenzte Wälzplätze verhindern meist effektiv, dass die Pferde ihrem angeborenen Bedürfnis an weniger geeigneten Stellen nachgehen. Glatte, rindenfreie Baumstämme oder spezielle Scheuereinrichtungen (gibt es für Rinder im Agrarhandel) mit Bürsten verhindern, dass sich insbesondere ekzemkranke Pferde an rauen Oberflächen die Mähne abscheuern oder sich gar verletzen.

Er liebt mich, er liebt mich nicht – das Fortpflanzungsverhalten

Traurig, aber wahr: Viele eingefleischte Pferdemenschen haben nie Gelegenheit, das Familienleben der Pferde aus erster Hand zu beobachten. Künstliche Formen der Fortpflanzung sind längst akzeptierte Normalität, trotz aller Nachteile.

Nur ein Problem von vielen: Nicht alle von der Norm abweichenden Verhaltensweisen sind das Ergebnis von Erfahrungen, also umweltbedingt, vielmehr findet man gerade erst heraus, dass die Veranlagung zu bestimmten Verhaltensstörungen auch angeboren sein kann. Betrifft eine solche abnorme Verhaltensweise das Fortpflanzungsgeschehen, würde das betroffene Pferd unter natürlichen oder naturnahen Bedingungen keine Nachkommen zeugen, das Problem würde sich folglich von selbst lösen.

In der züchterischen Realität der heutigen Zeit jedoch spielt das Verhalten der beteiligten Pferde überhaupt keine Rolle mehr, der Mensch hat die Natur durch Technik ersetzt. Fällt aber Norm-

Fohlen sammeln von Anfang an Erfahrungen im Fortpflanzungsgeschehen, zur Not muss halt mal die Mama herhalten.

Tonka rosst zwar deutlich, schlägt aber – noch – ab.

verhalten als Selektionskriterium weg, können unbemerkt Pferde zur Fortpflanzung gelangen, die Träger und Vererber schwerster angeborener Störungen sind. Führt man dieses Gedankenspiel über mehrere Generationen fort, steht am Ende womöglich der unter natürlichen Bedingungen unfruchtbare Super-Vererber, die nicht empfängnisbereite Stammstute.

Aber wie tun sie es denn unter natürlichen Bedingungen, unsere Pferde – wie die Igel, ganz, ganz vorsichtig? Könnte man sagen, denn Werbung und Begattung enthalten zwar durchaus aggressive Elemente, sind jedoch im Ganzen eine zärtliche und darüber hinaus ritualisierte Angelegenheit ohne jeden Spielraum für destruktive Abartigkeiten. Unter

natürlichen Bedingungen haben junge Pferde viel Zeit und Raum, um eigenen Erfahrungen zu sammeln: Sie beobachten den Haremshengst, erleben das Verhalten der eigenen Mutter oder der vielen „Tanten" der Familiengruppe, zeigen auch selbst bereits im Fohlenalter Elemente des Fortpflanzungsverhaltens wie etwa das Aufspringen.

Im Alter von einem bis anderthalb Jahren sind Stuten und Hengste theoretisch fruchtbar, kommen jedoch unter natürlichen Bedingungen noch nicht zur Fortpflanzung, da die jungen Hengste erst mit zunehmender körperlicher und psychischer Reife in der Lage sind, eigene Stuten zu gewinnen und die Jungstuten meist bei früher Bedeckung nicht tragend werden. So ist gewährleistet, dass die noch wachsenden jungen Stuten erst dann aufnehmen, wenn sie körperlich dazu bereit sind.

Nicht nur der Entwicklungsstand, sondern auch viele andere Faktoren bestimmen über den Fortpflanzungserfolg. Pferde, vor allem Stuten, sind hinsichtlich ihrer Empfängnisbereitschaft sowohl saisonal als auch zyklisch orientiert.

Zunehmende Tageslichtlängen bringen ab Januar das hormonelle Geschehen im weiblichen Organismus in Gang. Bis in den Sommer hinein wird die Stute nun etwa alle drei Wochen für fünf Tage rossen, wobei man die Rosse in Phasen der Vorrosse, Hauptrosse und Nachrosse unterteilt.

Nur während der Hauptrosse ist die Stute paarungsbereit, ansonsten schlägt sie den Hengst ab.

Der wiederum kontrolliert die Ausscheidungen der Stute mit seinem Geruchssinn und kann anhand der darin enthaltenen Pheromone den Zyklusstand erkennen. Allerdings verrät dann lediglich die Reaktion der Stute auf seine Annäherungsversuche ihm, ob sie hochrossig ist oder eben nicht.

Während der Hochrosse signalisiert die Stute ihre Paarungsbereitschaft durch Anheben und Wegdrehen des Schweifes bei gleichzeitigem Blitzen (so nennt man die rhythmischen Bewegungen der Vulva), Stehen mit weit gestellten Hinterbeinen und schließlich Duldung des Aufsprungs. Stuten machen während der Rosse durchaus auch Wallache an, diese wiederum reagieren oft durch – natürlich folgenlose – Deckversuche.

Während der Rosse können Stuten sich in ihrem Verhalten dem Menschen gegenüber, insbesondere beim Reiten, sehr verändern. Häufig lässt sich beobachten, dass sie sehr triebig werden und auf den Schenkeldruck des Menschen nicht mit mehr, sondern mit weniger Tempo reagieren – hier „verwechselt" die Stute die Schenkelhilfen mit den umklammernden Vorderbeinen des Hengstes und möchte viel lieber stehen bleiben.

Auch bei Hengsten lässt sich eine gewisse Saisonalität feststellen, die allerdings vor allem durch die Anwesenheit rossender Stuten bedingt ist. Während der Decksaison sind Hengste häufig leichter abzulenken, weniger kooperativ und anderen Hengsten gegenüber agressiver. Sie denken zwar nicht nur, aber doch verstärkt an „das Eine", trotzdem ist das verbreitete Bild vom Hengst als gefährlichem Macho, der immer kann, grundverkehrt. Hengste verhalten sich schon allein deshalb bei der Annäherung vorsichtig, weil sie sonst Gefahr laufen, von einer nicht paarungsbereiten Stute abgeschlagen und dabei möglicherweise verletzt zu werden. Ein Rüpel, der ohne weiteres einen Aufsprung wagt, bekommt die Hinterbeine der Dame da zu spüren, wo es am meisten wehtut, während eine paarungsbereite und auf den Hengst eingestimmte Stute keinerlei Aggression zeigt.

Unter natürlichen Bedingungen hält der Hengst ständig direkt oder indirekt Kontakt mit seinen Stuten: Beim Treiben, bei sozialer Fellpflege oder der Geruchskontrolle ihrer Ausscheidungen. Lange vor dem Deckakt beginnt er, um seine Auserwählte zu werben, indem er sich immer wieder nähert, Körperkontakt sucht, sie intensiv beriecht oder beleckt, doch stets respektvollen Abstand von ihren Hinterbeinen hält. Solange die Stute noch nicht bereit ist, wird sie keine Aufsprungversuche dulden, sich dem Hengst immer wieder entziehen oder ihn

Hengste halten ständig Kontakt zu ihren Artgenossen, auch über die Kontrolle der Ausscheidungen.

aktiv abwehren. Durch den ständigen intensiven Kontakt kann der Hengst den Zeitpunkt abpassen, an dem das Verhalten der Stute umschlägt, er kann sie aber durch sein zärtliches Vorspiel auch paarungsbereiter stimmen.

Nach abgeschlossenem Vorspiel springt der Hengst von hinten auf die still stehende Stute auf und führt nach einigen Suchbewegungen den erigierten Penis ein. Er stützt dabei sein Gewicht auf die Kruppe der Stute, umklammert sie mit den Vorderbeinen und legt den Kopf im Bereich ihres Widerristes auf, manche Hengste beißen auch ohne Aggression in den Mähnenkamm und stabilisieren sich so. Nach einigen Stoßbewegungen ejakuliert der Hengst und gleitet danach von der Stute herab, die er während ihrer Hochrosse nun noch mehrmals begatten wird.

Hat die Stute aufgenommen, so bringt sie nach einer Tragzeit von durchschnittlich elf Monaten ein Fohlen zur Welt, wobei sie bevorzugt in den frühen Morgenstunden abfohlt.

Das Ende der Trächtigkeit kündigt sich in den meisten Fällen durch typische körperliche Merkmale an, vor allem durch das Aufeutern, die Bildung von Harztropfen und die Senkung des Bauches.

Störungen während des Eröffnungsstadiums können zur Verzögerung der Geburt führen, da die Stute für den Geburtsvorgang das Gefühl von Sicherheit benötigt.

Während der ersten Tage nach der Geburt hält die Stute ständig Verbindung zu ihrem Nachwuchs.

Sofort nach der Geburt nimmt die Stute aktiv durch Berühren und Belecken Kontakt mit ihrem Fohlen auf und stellt so eine unmittelbare Bindung her, vor allem über dessen Geruch, aber auch über sein Aussehen und seine Stimme.

Fohlen sind geborene Nestflüchter und als solche schon kurz nach der Geburt erstaunlich leistungsfähig. So dauert es gewöhnlich nicht einmal eine Stunde, bis das Fohlen erfolgreich steht und mit der Suche nach dem Euter beginnt, unterstützt von seiner Mutter, die sich in der passenden, verkehrtparallelen Haltung aufstellt.

Schnell stellen sich erste Lernerfolge ein, die dem Fohlen die wichtigsten Bewegungen erleichtern. Neugeborene Fohlen sind bald rein körperlich in der Lage, der Mutter nachzufolgen, wobei die Nachfolgereaktion zwar angeboren ist, aber erst durch einen Lernprozess (Prägung) auf die Stute übertragen wird. Das Fohlen muss also erst lernen, wer seine Mutter ist, was bis zu zwei Tagen dauern kann. Darum duldet die Stute während dieser Zeit häufig auch keine Kontaktaufnahme von Artgenossen oder Menschen mit ihrem Fohlen, da dies zu Fehlprägungen führen könnte.

*Viel Bewegung für das
Fohlen und nahrhaftes
Futter für die Mama:
ein guter Start ins Leben.*

In den folgenden Monaten der Säugezeit bleibt die Bindung an die Mutter zwar bestehen, doch geht das Fohlen auch bald Beziehungen zu gleichaltrigen Artgenossen ein, mit denen es immer mehr Zeit verbringt. Die dabei entstehenden, durch soziale Fellpflege und gemeinsame Spiele gefestigten Freundschaften helfen auch dem domestizierten Fohlen über das Absetzen hinweg, das unter natürlichen Bedingungen nie vor dem achten Lebensmonat erfolgt. Frühes Absetzen mit wenig mehr als vier Monaten, wie es viele Züchter praktizieren, kann das körperlich wie seelisch noch völlig unreife Fohlen regelrecht traumatisieren und zu Verhaltensstörungen in seinem späteren Leben führen. Auch andere Fehler in der Aufzucht, insbesondere die Haltung von Stute und Fohlen in der Box, die Aufzucht des Jungpferdes ohne Gesellschaft Gleichaltriger oder der frühe Arbeitsbeginn wirken sich oft fatal aus und führen zu Störungen, die kaum mehr therapiert werden können. Artgerecht aufgezogene Pferde dagegen sind in der Ausbildung leichter zu handhaben und erfreuen den Reiter noch bis ins hohe Alter durch Lebensfreude und Arbeitseifer.

7 Heißes Eisen **Problempferd**

Da läuft etwas schief: Wie Problempferde „gemacht" werden

Auch wenn jüngste Forschungsergebnisse nahe legen, dass eine gewisse genetische Veranlagung für Verhaltensstörungen besteht, werden Problempferde doch immer gemacht, nicht geboren. Verhaltensstörungen sind stets das Ergebnis einer Überforderung: Wir dürfen nicht übersehen, dass bei aller Flexibilität des domestizierten Pferdes gewisse, vor allem durch angeborene Merkmale bestimmte Grenzen schlicht nicht überschritten werden können.

Echte Verhaltensstörungen sind das Resultat einer Situation, welche die Anpassungsfähigkeit des Pferdes übersteigt. In solchen Lebensumständen kommt es zu einem Triebstau, da normale Verhaltensweisen nicht ausgelebt werden können (Deprivation), der Auslöser für den Ablauf einer Verhaltensweise zwar vorliegt, doch der Ablauf blockiert ist (Frustration) oder zwei Verhaltensweisen gleich stark aktiviert sind und einander blockieren (Konflikt).

Dieser Triebstau wird zwar letztlich durch eine Abweichung vom Normverhalten abgebaut und gelöst, doch stellt dies, streng genommen, eine durchaus „normale" Reaktion dar. Wenn man so will, sind Verhaltensstörungen natürliche Reaktionen des Pferdes auf ein unnatürliches Umfeld, dienen als Ventil für Stress, der anderweitig nicht abgebaut werden kann. Wir tun gut daran, dies nicht aus den Augen zu verlieren.

Selbstverständlich verfügt jedes Pferd auch über natürliche Mechanismen, die dem Abbau von Stress dienen, denn auch beim Wildpferd oder beim artgerecht gehaltenen, domestizierten Pferd treten Deprivation, Frustration und Konflikt auf. Eine bekannte Verhaltensweise ist die Übersprungsbewegung, auch Übersprungshandlung genannt. Befindet sich ein Pferd in einer Konfliktsituation, in der zwei Bedürfnisse gleich stark vorhanden sind und sich gegenseitig blockieren, liegt ein Ausweg aus dieser Situation darin, eine dritte, eigentlich nicht in den Kontext passende Bewegung durchzuführen. Greifen diese und andere Anpassungsmechanismen aber nicht mehr, liegt ein Ausweg in der Entwicklung von Verhaltensstörungen.

Problemverhalten häuft sich, wenn bestimmte Faktoren zusammentreffen: Nicht artgerechte Haltung, unsachgemäßer Umgang und Fehler in der Ausbildung treten einzeln, aber auch in Kombination miteinander als Ursachen auf. Dahinter stehen jedoch immer Pferde-

Jeder Umgang mit dem Pferd, auch ganz, ganz zarter, ist eigentlich eine Manipulation.

halter und Reiter, die es sicher gut meinen, aber eben nicht ausreichend informiert sind.

Unter welchen Bedingungen kommt es also zu Störungen, wenn wir die Situation aus dem Blickwinkel des Menschen betrachten?

Probleme gibt es, wenn wir eigene Bedürfnisse bezüglich unseres Lebensumfeldes auf unsere Pferde übertragen. Der mit der artgerechten Haltung nicht vertraute Pferdefreund empfindet die unausweichlichen Auseinandersetzungen in der Herde als Stress, macht sich Ge-

Artgerechte Haltung darf nicht länger ein Privileg robuster Ponyrassen sein, auch Warmblüter wollen raus aus der Box!

danken über fehlende Rückzugsmöglichkeiten oder mag seinem Pferd nicht zumuten, Wind und Wetter ausgesetzt zu sein. Er übersieht dabei, dass auch unser soziales Leben nicht stressfrei verläuft, dass wir manches Mal gehörig auf die Nase fallen, doch durch alle Höhen und Tiefen des Lebens lernen und wachsen. Er übersieht, dass Pferde sich immer als Teil des Ganzen, als Mitglieder der Herde fühlen müssen, um innere Sicherheit zu erlangen, dass sie eben – anders als wir – die alleine bewohnte Box nicht als sicheren Hafen empfinden können. Er übersieht weiterhin, dass Kälte, Niederschläge und Wind unsere Pferde weitaus weniger beeindrucken als uns verfrorene, haarlose Menschen und in einem guten Offenstall immer ausreichend Raum unter Dach ist. Selbst das rangniedrigste Pferd ist (Normverhalten vorausgesetzt) immer auch geschätztes und beschütztes Mitglied der Herde.

Keinem Pferd fällt es ein, bei drohender Gefahr in den sicheren Unterstand zu fliehen. Und kein Pferd wird krank, bloß weil es mal nass und schmutzig ist.

Probleme gibt es mit Sicherheit, wenn der nicht informierte Pferdehalter Unterschiede zwischen Rassen und Reitweisen als Begründung für die Notwendigkeit verschiedener Haltungsformen heranzieht. Was etwa für ursprüngliche Ponys angehen mag, ist für edle Sportpferde undenkbar? Ein Trugschluss! Zum einen hat auch das edelste Ross dieselben Bedürfnisse wie das robusteste Pony, zum anderen lassen sich durchaus auch Hochleistungspferde im Herdenverband im Offenstall halten, und zwar ohne negative Folgen für Gesundheit und Leistungsfähigkeit oder Arbeitsaufwand und Finanzen. Wie es geht, lässt sich auf einigen vorbildlichen Anlagen lernen, wo beispielsweise hochkarätige Dressurpferde in Gruppen von vier bis sechs im

Offenstall gehalten werden. Setzte sich die artgerechte Haltung rasse- und reitweisenübergreifend durch, wären nicht zuletzt chronische Atemwegserkrankungen, frühzeitige Verschleißerscheinungen und eine Vielzahl an Verhaltensstörungen bald eher eine Ausnahmeerscheinung denn die Regel.

Probleme gibt es unweigerlich, wenn Pferde und Menschen keine Gelegenheit haben, sich in Kommunikation zu üben. Einzeln gehaltene Pferde sind nicht zuletzt deshalb im eigentlichen Sinne des Wortes a-sozial, weil ihre kommunikativen Fähigkeiten nur bruchstückhaft ausgebildet sind. Kommunikation will gelernt, geübt, ständig verfeinert werden. Oft sind es dann eben diese sozial defizitären Pferde, die durch Problemverhalten auffallen, was wiederum den Besitzer veranlasst, sich auf einem Wochenendlehrgang oder in einem Fachbuch über geeignete Korrekturmaßnahmen zu informieren. Zwei Fallstricke lauern auf den nichts ahnenden Pferdefreund: Der Irrglaube, mit wenigen, flugs angelernten Bewegungen und einfachsten Techniken jedes Problempferd korrigieren zu können und der Trugschluss, dass sich Verhaltensauffälligkeiten grundsätzlich über Dominanztraining beseitigen ließen. Besser als jede Kur ist die Vorbeugung, besser als jeder Guru der mit seinem Pferd wirklich vertraute Besitzer und besser als jede neue Technik schlichtes Horsemanship.

Probleme treten auch dann auf, wenn bei der Suche nach den Gründen für auffälliges Verhalten Ursache und Auslöser in einen Topf geworfen werden. Beginnt etwa ein Pferd dann zu weben, wenn in unmittelbarer Nähe seiner Box der Reitbetrieb abläuft, so wäre es falsch, das Problem durch Aufstallung in einem völlig

Koppriemen: Ob dem Pferd damit geholfen ist?

isolierten Teil des Stalles beheben zu wollen. Nicht der Reitbetrieb, sondern die völlige Reizarmut der Einzelhaltung in der Box ist die eigentliche Ursache. Bei dauernder Reizverarmung wirken dann bereits völlig alltägliche Ereignisse wie der Reitbetrieb als Auslöser für eine Verhaltensstörung. Ebenso verfehlt sind „Therapiemaßnahmen", die lediglich das Symptom der Verhaltensstörung unterdrücken (Aufsatzgitter für Weber, Kopperriemen) und oft geeignet sind, die Lebensbedingungen des Pferdes noch weiter zu verschlechtern und letztendlich weitere Störungen hervorzurufen. Auch völlig am Problem vorbei greifende Maßnahmen wie etwa die Fütterung beruhigender Kräuter, die Installation von Spielsachen in der Box oder der Einsatz einer Kandare beim Durchgänger sind abzulehnen.

Probleme gibt es nicht zuletzt, wenn der Mensch vergisst, dass sein Pferd unerwünschtes Verhalten ebenso leicht und schnell lernt wie erwünschtes oder wenn er sich keine Gedanken darüber macht, was er seinem Pferd gerade beibringt.

Ein aus der Praxis gegriffenes Beispiel: Ein junges, ungeduldiges Pony soll lernen, ruhig am Anbindeplatz zu stehen. Es wird angebunden, die Besitzerin entfernt sich. Allein gelassen und ohne Einsicht in das Lernziel, beginnt das junge Pferd, seine Unruhe mit eifrigem Scharren kund zu tun. Sofort ist die jugendliche Besitzerin da, haut dem Pony mit der Gerte über die Kruppe und schimpft. Was lernt das Pony?

Wenn es scharrt, bekommt es Aufmerksamkeit, ist nicht mehr alleine; wenn die Besitzerin kommt, tut es weh ... ob das ein vernünftiger Lernerfolg ist? Menschen mögen mit mehr Intelligenz ausgestattet sein als Pferde, was sie mit diesem Potenzial anfangen, ist manchmal eine andere Sache!

Kleines ABC des Problemverhaltens

Den gesamten Komplex problematischer Verhaltensweisen darzustellen, sei es unerwünschtes, sei es abnormes Verhalten, kann nicht Anliegen dieses Buches sein.

Sicher ist klar geworden, dass mit der artgerechten Gestaltung des gesamten Lebensumfeldes vielen Problemen vorgebeugt werden kann und dass der Prophylaxe das Hauptaugenmerk des Pferdefreundes gelten muss. Trotzdem sollen zumindest die häufigsten Verhaltensstörungen kurz erwähnt werden, und der

Ungeduldiges Scharren ist kein Anlass für Strafe.

Die beiden beweisen, dass artgerechte Hengsthaltung für Warmblüter ebenso möglich ist wie für Isländer.

Zusammenhang mit den meist zu Grunde liegenden Fehlern in der Haltung oder im Umgang hergestellt werden.

Aggressivität dem Menschen gegenüber kann sich in spontanen Angriffen, Beißen, gezielten Tritten oder Drohen äußern.

Oft liegt ein nicht geklärtes Rangverhältnis zu Grunde oder eines, das dem Menschen einen niedrigeren Rang zuweist. Pferde können aber auch aus Angst zum Beißer und Schläger werden und zeigen dann aggressives Verhalten, wenn sie in die Enge gedrängt werden, ansonsten flüchten sie.

Die Korrektur des ranghohen aggressiven Pferdes erfolgt durch disziplinierte, konsequente und von Souveränität geprägte Grunderziehung, beim Angst-

beißer steht die Suche nach der Ursache für Schmerz und Furcht im Vordergrund.

Aggressivität anderen Pferden gegenüber ist das Resultat einer verfehlten Aufzucht, in der das junge Pferd weder Gelegenheit hatte, sich in innerartlicher Kommunikation zu üben noch seinen eigenen Platz im Spiel der Kräfte, zwischen Dominanz und Subordination zu finden.

Auch diese Form von Aggressivität kann ängstlich oder dominant geprägt sein. Abhilfe kann ein langer Urlaub in einer großen Herde schaffen, allerdings ist diese Form von Korrektur mit manchmal nicht unerheblichen Gefahren für alle beteiligten Pferde verbunden und zudem nicht immer von Erfolg gekrönt, da die entscheidenden Phasen meist im frühen Lebensalter des Pferdes liegen. Als Kompromiss bietet sich die Einzelhaltung in der Offenbox an.

Anbindeprobleme können ganz unterschiedliche Ursachen haben. Für das junge Pferd ist es eine ungewohnte und beängstigende Situation, getrennt von seinen Artgenossen angebunden zu werden. Fehler während dieser Phase der Grundausbildung, insbesondere zu langes Stehen ohne Aufsicht oder Unfälle (Strick zu lang, zu tief angebunden) können dazu führen, dass in Zukunft jedes Anbinden zu Panik oder zu disziplinlosem Verhalten führt.

Abhilfe schafft konsequentes, aber rücksichtsvolles Vorgehen während der Erziehung. Das junge Pferd muss unbedingt lernen, angebunden still zu stehen und ruhig zu bleiben, darf aber in dieser Situation nicht durch zu lange Lernphasen und Isolation überlastet werden. Es soll lernen, dass ihm nichts passiert. Ungeduldiges Verhalten wird deshalb nie bestraft, vielmehr lobt man immer dann ausdrücklich, wenn das erwünschte Verhalten gezeigt wird.

Barrenwetzen, auch Krippenwetzen, Nagen, Dauerlecken, Zungenspiel oder Zähnescharren sind eigentlich Verhaltensweisen der Nahrungsaufnahme, die sich in Form eines Problemverhaltens vor allem bei Haltungs- und Fütterungsfehlern verselbständigen.

Zu geringe Raufuttergaben bedeuten Langeweile, zu hohe Kraftfutterrationen führen zu übergroßem Bewegungsdrang und bei bewegungsarmer Aufstallung sucht sich das Pferd schließlich ein Ventil, reagiert seinen Stress durch Ersatzhandlungen ab. Abhilfe schaffen lediglich radikale Änderungen von Fütterung und Aufstallung: Viel Raufutter, der Arbeit entsprechende Kraftfutterratio-

nen, ständige Bewegungsmöglichkeiten und soziale Kontakte. Bei einigen dieser Verhaltensstörungen treten zwar Schäden an den Zähnen (Barrenwetzen) auf, doch sind sie ansonsten harmlos, wenn auch ein sicheres Anzeichen für verfehlte Aufzucht und Haltung.

Bocken oder Buckeln zeigen Pferde unter dem Sattel dann, wenn sie einen „Knoten im Rücken" haben, der häufig von Verspannungen, aber auch Schmerzen verursacht wird. Bewegungsmangel (Stehtag!) kann ebenfalls dazu führen, dass bei jeder sich bietenden Gelegenheit wild gebockt wird. Bei freier Bewegung sind Buckeln und Bocken meist Ausdruck von Lebensfreude oder überschießender Energie und so kann auch mancher harmlose Buckler etwa beim Angaloppieren gedeutet werden.

Während ein paar bockende Sprünge oft vorausgeahnt und ausgesessen werden können, müssen immer wiederkehrende Buckeleien als Ventil für ernst zu nehmende Grundprobleme gedeutet werden, denen man nicht zuletzt wegen der damit verbundenen Gefahren unbedingt auf den Grund gehen muss.

Die Grundausbildung, der Sattel, der Sitz des Reiters, die Aufstallung und die Fütterung müssen überprüft werden. Bei hartnäckigen Verspannungen muss zudem der gesamte Trageapparat unbedingt auf seinen Gesundheitszustand untersucht werden.

Durchgehen bringt Reiter und Pferd in Gefahr, denn ein wirklich durchgehendes Pferd ist nicht mehr zu kontrollieren. Anders als etwa bei einem frischen Galopp, der vielleicht etwas schneller ausfällt als geplant, reagiert das durchgehende Pferd auf keinerlei Hilfen mehr und rennt kopflos und panisch davon, ohne auf Gefahren zu achten. Pferde kön-

Angst, Schmerzen und Überforderung sind häufig die Ursache für Probleme unter dem Sattel.

nen ohne erkennbaren Anlass durchgehen, sich über Pullen und Festbeißen ins Durchgehen steigern, sich von rennenden Artgenossen anstecken lassen oder auf Grund einer erschreckenden Situation unkontrolliert davon stürmen. Je nach Muster bieten sich unterschiedliche Lösungsansätze an, die jedoch immer ein Wiedererlangen der Kontrolle durch den Reiter zum Ziel haben müssen. Scheinbar grundlos durchgehende Pferde reagieren entweder auf Reize, die dem Reiter nicht zugänglich sind (vor allem Schmerzen in Rücken und Maul) oder mit einer Art Black-out auf Situationen, die frühere, negativ besetzte Erfahrungen in ihnen wachrufen. Pullende Pferde legen sich aufs Gebiss, steigern allmählich die Geschwindigkeit, beginnen zu zackeln oder seitwärts zu gehen, reagieren immer weniger auf reiterliche

Hilfen und steigern sich schließlich bis zum Durchgehen. Auch hier sind die Gründe oft beim Reiter (Hand, Sitz), in der Ausrüstung (unpassende Sättel, zu scharfe Gebisse), aber auch in der Ausbildung zu suchen (mangelnde Disziplin, Überforderung, bewusst unkontrolliertes Rennen-Lassen).

Durchgehen auf Grund einer nachvollziehbaren Fluchtreaktion muss allerdings als arttypisches Verhalten angesehen werden, doch lässt sich die Reizschwelle durch geeignete Maßnahmen beeinflussen.

Herrscht zwischen Reiter und Pferd Vertrauen und wird der Vierbeiner nicht vor Umwelteinflüssen abgeschirmt, sondern auch im Rahmen seiner Ausbildung mit vielen Anblicken, Geräuschen und Gerüchen konfrontiert, kann ihn so leicht nichts aus der Ruhe bringen.

Pullende Pferde brauchen keine Kandare, sondern eine gute Ausbildung.

Headshaking kann viele verschiedene psychische, aber auch physische Ursachen haben, die man längst noch nicht alle kennt. Dauerndes Kopfschlagen wird durch unruhige oder übermäßig feste Reiterhände, falsche Gebisse, Zahnprobleme oder den unsachgemäßen Einsatz von stark begrenzenden Hilfszügeln verursacht. Heute weiß man, dass eine allergische Reaktion auf Sonnenlicht, Reizungen des Infraorbitalnervs oder Infektionen im Kopfbereich ebenfalls zu ständigem Kopfschlagen führen können.

Nur eine sorgfältige Untersuchung unter Einbeziehung der Ausrüstung kann die Ursache aufdecken, in manchen Fällen aber bleibt sie im Dunkeln. Abhilfe schafft die Beseitigung des Grundproblems, eine Netzmaske (Fotosensitivität) oder die Behandlung mit speziellen Medikamenten.

Hengstigkeit wird ein ganzer Komplex von männlich geprägtem Problemverhalten genannt, das vor allem durch übersteigerte Aggressivität gekennzeichnet ist. Diese Aggressivität kann sich gegen Stuten, Menschen oder gegen den Hengst selbst („Automutilation", also Selbstverstümmelung) richten. Durch die falsche, isolierte Haltung von Hengsten und die Technisierung des Deckaktes kommt es zu einer Vielzahl weiterer Störungen, die sich auf unterschiedliche Weise äußern. Manche Hengste entwickeln eine völlige Deckunlust, andere springen auf alles, was bei „drei" nicht auf dem Baum ist, auch auf einen sich bückenden Menschen. Die Aggressivität Menschen und anderen Pferden gegenüber ist wohl auch deshalb ein so großes Problem, weil sie selbst bei manchen Züchtern (!) als normales Verhalten des männlichen Tieres angesehen wird und entsprechende Problemlösungsversuche deshalb völlig ausbleiben. Unter den Bedingungen artgerechter Haltung verhalten sich Hengste gegenüber Stuten und anderen Hengsten nur im Rahmen der normalen Auseinandersetzungen aggressiv und zeigen dem Menschen gegenüber sogar eine besondere Zutraulichkeit. Artgerecht gehaltene Hengste lassen sich leichter ausbilden, wollen dem Menschen gefallen, entwickeln eine besonders enge Bindung zu „ihrem" Menschen. Übrigens völlig unabhängig von der Rasse ...

Kleben ist eine Verhaltensstörung, die durch eine übermäßig enge Bindung an einen bestimmten Artgenossen oder an den Stall, die gesamte Herde oder die bekannte Gegend gekennzeichnet ist. Ein klebendes Pferd lässt sich nicht aus der Herde holen, nicht aus der Box, vom Stallgelände weg oder in die Reitbahn führen oder reiten.

Zugrunde liegt diesem Verhalten das Bedürfnis aller Pferde nach engem Kontakt zu seinen Sozialpartnern. Nur bei gutem Vertrauensverhältnis zu seinem menschlichen Betreuer oder Reiter ist es dem Pferd möglich, in diesem einen vollwertigen Ersatz für die Anwesenheit von Artgenossen zu sehen. Dazu gehört allerdings auch, dass sich der Mensch als Führungsperson etabliert, dem sein Pferd folgt, wie es einer Leitstute folgen würde. Auch negative Erlebnisse beim Weggang von der Gruppe (frühes Absetzen, Überforderung oder Gewaltanwendung beim Reiten) können diese Verhaltensstörung begünstigen.

Koppen nennt man die wohl bekannteste Verhaltensauffälligkeit des Pferdes, bei der eine geringe Menge Luft in die Speiseröhre eingesaugt wird. Das Pferd setzt dazu entweder die Schneidezähne an einem Gegenstand (Zaun, Tür, Artgenossen!) auf oder koppt frei. Früher nahm man an, der Kopper würde dabei große Mengen Luft in den Magen

abschlucken und häufiger an Kolik erkranken als nicht koppende Kollegen; auch dachte man, Koppen sei „ansteckend", nicht koppende Pferde würden sich also dieses Verhalten abschauen. Beides falsch! Koppen ist eine Reaktion auf Mängel in der Haltung und Nutzung, wobei eine Vielzahl an Ursachen in Frage kommt und heute auch eine gewisse genetische Disposition diskutiert wird. Leider gehört Koppen zu den Verhaltensstörungen, die sich verselbständigen, die also auch nach Besserung der Lebensbedingungen beibehalten werden. Da diese Verhaltensauffälligkeit jedoch eigentlich harmlos ist, sollte von fragwürdigen Behandlungen mittels Operation, Kopperriemen oder Verdrahtung des gesamten Umfeldes abgesehen werden.

Kreislaufen, eine meist in der Box gezeigte Manegebewegung, ist wie das Weben eine Bewegungsstereotypie, die bei reizarmer Haltung auftritt und sich nur durch artgerechte Haltung vermeiden und behandeln lässt.

Die Ursachen für *Sattelzwang* sind häufig in der Anfangszeit der Ausbildung zu suchen, wo das Pferd allzu schnell mit Gewalt oder durch Ermüdung an Sattel und Reiter gewöhnt wurde. Auch beständiges Reiten in falsch verstandener, verspannter Versammlung oder der Einsatz unpassender Sättel kann zu Sattelzwang führen. Sattelzwang äußert sich in Abwehrbewegungen beim Satteln bis hin zum plötzlichen Ablegen, kann aber auch zu Steigen, Bocken oder Stehenbleiben führen. Abhilfe schafft zunächst die Beseitigung von Grundursachen wie schlecht sitzende Sättel, zu enges Nachgurten oder mangelnde Gymnastizierung beim Reiten. Darüber hinaus muss das Pferd ganz allmählich und unter beständiger positiver Verstärkung an Berührungen, das Satteln, Gurten, Aufsitzen und Gerittenwerden gewöhnt werden.

Mit *Scheuen* reagiert ein Pferd auf Anblicke, Geräusche oder Gerüche, die ihm Angst machen. Scheuen ist eine normale Reaktion des Fluchttieres Pferd und keine Verhaltensstörung, solange Reiz und Reaktion in einem angemessenen Verhältnis liegen. Übersteigertem Scheuen, das sich entweder in panikartigen Reaktionen auf geringste Reize oder in kopflosem Durchgehen ohne Einwirkungsmöglichkeit des Reiters äußern kann, liegt entweder eine reizarme Aufzucht und Haltung oder mangelndes Vertrauen in den Menschen zu Grunde. Pferde, durchaus auch temperamentvolle Individuen, lassen sich mit etwas Geduld an alle möglichen potenziell angstauslösenden Umweltreize gewöhnen und von einem souveränen Reiter auch in gefährlichen Situationen kontrollieren und beruhigen. Falsch wäre es jedoch, das chronisch scheuende Pferd vor allen Umweltreizen bewahren zu wollen oder es mit Gewalt an der Ursache für seine Angst vorbei zu zwingen, da es dann den Auslöser automatisch negativ besetzt und nicht etwa seine Furcht einsichtig überwindet.

Steigen kommt in ganz unterschiedlichen Kontexten vor und hat auch unterschiedliche Auslöser. Unter dem Sattel gezeigt, ist es oft als Hinweis auf eine vorliegende Rückenerkrankung, unpassende Sättel oder Gebisse, zu unnachgiebige Reiterhände oder stark einschnürende Hilfszügel zu verstehen. Das Ansteigen eines Menschen ist eine besonders häufig von Hengsten gezeigte aggressive Handlung, beruhend auf einer nicht im Sinne des Menschen geklärten Rangordnung.

Weben wird eine Form stereotyper Bewegung genannt, bei der das Pferd mit weit gestellten Vorderbeinen von einer Seite zur anderen schwankt. Es wiederholt sich immer wieder: Ursache sind Fehler in der Aufzucht und Haltung. Wie beim Koppen auch sind weder gesundheitliche Folgen noch ein Nachahmungseffekt nachgewiesen, doch anders als der Kopper lässt sich der Weber durch eine Besserung seiner Lebensbedingungen oft nachhaltig kurieren.

Alles Gute für Ihr Pferd

Ebenso vielfältig wie die Erscheinungs-
formen von Problemverhalten sind die
Ansätze für deren Therapie. Erfolgver-
sprechender als alle Korrekturmaßnahmen
ist jedoch die Prophylaxe, die schlicht in
einer artgerechten Aufzucht und Haltung aller Pferde besteht. Nur wenn das
Pferd ganz Pferd sein darf, wenn es alle
angelegten Verhaltensweisen ausleben
kann, wird es nicht gezwungenermaßen
den haltungsbedingten Stress durch Problemverhalten abbauen. Artgerechte
Haltung setzt allerdings ein Umdenken
auf Seiten der Reiter und Pferdehalter
voraus: Während die einen sich geistig
von der Vorstellung verabschieden müssten, ihre hochblütigen Sportpferde seien
im Offenstall nicht gut aufgehoben und
unterschieden sich sowieso grundlegend
von anderen, geringeren Pferderassen,
sollten die Verfechter der Offenstall-
Schmuddelhaltung es sich vielleicht
nicht ganz so einfach machen und es vor
allem unterlassen, sich selbstgerecht auf
die eigene Schulter zu klopfen, solange
die eigenen Pferde in Schmutz und Kot
stehen und ihr Heu mühsam aus einer
Urinpfütze aufsammeln müssen. Sach-
gerechte Pferdehaltung setzt echtes Wissen und echtes Mitfühlen mit den uns
anvertrauten Pferden voraus und dazu ist
es notwendig, den eigenen geistigen
Horizont über die Gitterstäbe der Boxen-
tür hinaus zu erweitern.

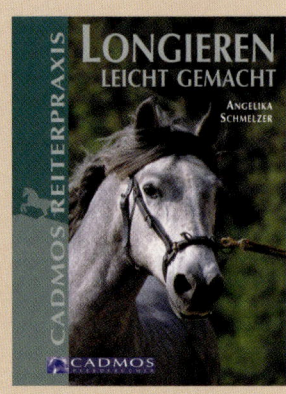